하이데거 철학
삐딱하게 읽기

-『존재와 시간』에 대한 정치철학적 해석-

이 재 성

계명대학교 출판부

서 문

마르틴 하이데거(Martin Heidegger, 1889~1976)는 20세기 최고의 사상가 반열에 올라 있는 철학자이다. 그가 보여준 사유의 힘 때문이다. 그의 사유는 언뜻 보기에 뻔해 보이는 주제나 물음에 과학 수사적 접근 방식으로 현대 철학에 지속적으로 막대한 영향을 미치고 있다. 또한 이러한 그의 사유는 수많은 사상가들에게 빛나는 영감을 주었다. 우리는 하이데거의 사상의 흔적을 20세기에 등장하는 거의 모든 철학적 조류, 최근의 포스트모더니즘과 푸코, 데리다의 사상을 비롯한 후기구조주의에서 뿐만 아니라 마르쿠제와 하버마스의 비판이론, 아렌트의 정치철학, 실존철학과 현상학, 가다머의 철학적 해석학, 철학적 인간학, 언어철학 과학이론 등에서 쉽게 찾아 볼 수 있다. 어디 철학적 사조뿐인가. 문학과 문예비평, 심리학, 신학, 생태학 등 전방위적인 학문 영역에서 그의 지대한 영향을 발견할 수 있다.

이렇듯 하이데거는 우리 시대의 가장 위대한 사상가들 중의 한 사람이기도 하지만 동시에 가장 논쟁의 여지가 많은 사상가이기도 하다. 그것은 바로 하이데거의 정치적 과거, 특히 1933년경과 그 이후 주로 그의 나치 운동에 연루된 일련의 행적과 출판물들로 인해 발생한 사건 때문이다. 그동안 '좋은 철학자와 나쁜 정치인'이라는 두 하이데거의 논의가 유럽과 북미권 철학자들 사이에서 진행된 것도 바로 그 때문이다. 그리고 논의의 핵심은 사유와 행위, 지식과 권력은 서로 떼려야 뗄 수 없는 밀접한 것인지 아니면 분리되어야 것인지에 대한 물음이었다. 물론 이 물음은 하이데거뿐만 아니라 모든 철학자들에게 따라다니는 물음이기도 하다.

하이데거를 일약 가장 위대한 철학자로 손꼽히게 한 그의 대표작 『존재와 시간』은 주지하다시피 12년간의 무명시절 끝에 세상의 빛을 본 책이다. 그러다보니 당시에는 마치 하늘에서 난데없이 뚝 떨어진 것처럼 여겨졌다. 그러나 사실 하이데거는 수년간의 강의로 열혈 청중들을 거느리고 있었고, 독일 학생들 사이에는 이미 진정 독창적인 재야 사상가로서의 명성을 얻고 있었다. 한때 그의 제자였고, 평생 연인이었던 한나 아렌트의 증언은 당시의 그의 명성이 어느 정도였는지를 미루어 짐작케 한다. "고작 이름뿐이었지만 그 이름은 마치 숨은 왕의 소문과 같이 전 독일을 떠돌았다." 아렌트의 말처럼, 당시 그는 이미 숨은 철학의 왕이었던 것이다.

『존재와 시간』은 하이데거가 프라이부르크대학교의 철학과 교수직에 지원하기 위해 출간한 것으로 원래는 훨씬 더 방대한 작품의 1부로 기획되었던 책이다. 이 책이 국제적인 호평을 받으면서 하이데거는 스승인 에드문트 후설의 뒤를 이어 프라이부르크대학교의 교수가 되었고, 이어 총장의 자리에 오르게 된다. 하지만 이 자리는 하이데거의 정치적 인식을 세계만방에 폭로하는 계기가 되었다. 총장이 되면서 공개적으로 나치를 지지하고 나섰기 때문이다. 하이데거의 철학이 그의 정치관에 의해 좌초되었다는 사실은 아이러니하게도 그의 철학적 관점, 즉 아무리 독자적으로 보이는 인간이라도 결코 자신이 속한 사회적 환경에서 자유로울 수 없다고 생각한 것에서 단적으로 확인할 수 있다.

물론 하이데거는 『존재와 시간』에서 자신이 관심을 가지고 있는 것은 인간이나 그 실존이 아니라 '존재 자체'이며 인간은 존재의 가장 발전된 표현양식일 뿐이라고 강조하여 야스퍼스나 사르트르의 실존주의와는 분명한 선을 긋고 있지만 과연 그렇게 분명한 선을 그을 수 있을까라는 의문에서 이 책은 출발한다. 이 책은 하이데거의 『존재와 시간』에 대한 기존의 '존재론적' 해석에 머물지 않고 '정치철학적' 해석으로 나아가려고 한다. 그 안에서 철학과 정치의 경계는 불분명하고 논의는 이러한 학제간의 구분도 가로지른다.

따라서 이 책에서 필자가 목표로 하는 것은 하이데거의 정치철학에 대한 체계적인 설명을 제시하는 것이 아니라, 하이데거의 철학을 정치철학적 관점에서 읽을 수 있는 가능성을 타진해 보는 것이다. 사실 하이데거는 정치철학에 대해 체계적인 책을 서술한 적이 없다. 또한 그는 정치철학자로서 어떤 야심도 없음을 분명히 밝혔다. 그렇기 때문에 하이데거의 사상을 정치철학적으로 해석하고자 하는 연구자라면 부득불 특정 텍스트와 특정 관점을 취사선택할 수밖에 없다. 따라서 이 책에 실린 다섯 편의 글은 그동안 하이데거의 철학, 특히 『존재와 시간』을 정치철학적으로 해석하려 지난 10년간 노력했던 필자의 논문들을 모은 것이다.

먼저 제1장에서는 하이데거의 철학, 특히 『존재와 시간』에 대한 기존 학계에서 일반적으로 통용되는 '존재론적 이해'에 근거해서 하이데거 철학을 개괄적으로 조망한다.

제2장에서는 하이데거와 나치의 관계를 직접적으로 다룬다. 필자는 그동안 하이데거와 나치의 관계를 이해하는 방식, 즉 '나치로서의 하이데거'와 '이후의 하이데거'로 나누어 하이데거 자신뿐만 아니라 그의 제자들과 추종자들에 의해서 오늘날까지도 양 관계가 계속해서 조직적으로 은폐되어 오고 있다는 사실을 역사적 전거에 근거해서 밝

힌다. 이러한 과정을 통해 하이데거의 정치활동과 철학 사이에 존재하는 불협화음의 의미가 무엇인지를 역사, 철학 그리고 신화라는 문제의식 안에서 비판적으로 검토하고, 마지막으로 하이데거 철학과 현대철학의 관계를 살펴보면서 현대라는 이 지점에서 우리의 철학적 과제가 무엇인지 그 의미를 모색한다.

제3장에서는 현대철학 담론에서 여전히 중요한 논제 중의 하나인 '생활세계'(Lebenswelt)와 '반성'(Reflexion) 개념이 하이데거 철학에서도 매우 중요한 역할을 하고 있으며, 무엇보다도 하이데거가 생활세계를 '문제화'하고 있다는 점에서 그는 이미 반성적으로 생활세계와 관계하고 있다는 것을 고찰한다. 이를 위해서 필자는 하이데거의 근본물음과 생활세계 그리고 실존론적 분석의 의미를 논의한 후에 하이데거 철학에서 생활세계의 의미영역을 '정치철학적' 관점에서 재구성한다.

제4장에서는 하이데거가 『존재와 시간』에서 기획한 주체구조를 재구성한다. 이를 위해 필자는 하이데거의 『존재와 시간』에 나타나는 하이데거의 예속모델(Subjektionsmodell)을 재구성한 뒤에, 이어서 한편으로는 그의 작품들 중 임의로 추출해서 민족사회주의 시대에서 구체적으로 드러난 하이데거의 개입들과 1945년 이후 하이데거에서 나타나는 근원 신비주의적 이야기하기의 견고성을 지적한다. 이 문제제기에서 여성적인 것으로 표명된 근원적 힘을 들음(Hörigkeit)에 대한 재구성은 하이데거 철학 전반에 대한 열쇠로 드러난다. 다른 한편으로 필자는 그러한 간단한 개진과정에서 하이데거적 배치에서 표명되고, 그 속에서 민족사회주의를 위한 하이데거의 선택권이 매우 강조되는 서로 다른 남성성의 구조들(Männlichkeitskonstruktionen)을 짚는다.

마지막으로 제5장에서는 하이데거의 철학사상을 통해 당시 서구사회를 지배하고 있던 포드주의적 생산양식에 기반한 제국주의적 패권주의가 그의 철학, 특히 그의 주저인 『존재와 시간』에 어떻게 드러나고 있는지를 '정치철학적 관점'에서 고찰한다. 물론 하이데거의 철학이 지금까지도 여전히 존재론적, 실존주의적, 인간학적, 해석학적 차원에서만 해석, 논의되고 있다면 이 글에서 필자가 의도하고 있는 정치철학적 관점은 기존의 하이데거 해석에서 상당히 벗어난다는 점에서 일종의 도발적인 작업이다. 때문에 이 글에서 필자는 한 위대한 철학자의 철학사상을 제대로 파악하기 위해서는 정면뿐만 아니라 그 이면도 새롭게 응시해야 할 필요가 있음을 주장한다. 이를 위해서 필자는 먼저 하이데거 철학의 출발점이 되는 당시의 시대적 배경과 그의 일상성 분석을 통해 드러난 일상구조의 변화를 살펴 본 뒤에, 포드주의적 생산양식을 통해 이루어진 '세인의 지배'와 '비본래성'에 대한 하이데거의 비판을 분석하고, 그 비판을 통해 하이데거가 자신의 철학에서 구상했던 새로운 '정치적 공동체'가 과연 무엇인지를 논증함으로써 하이데거가 포드주의 철학자였는지를 고찰한다.

이 책을 구성하고 있는 다섯 편 글의 출처는 다음과 같다. 제1장에 실은 글은 2013년 대구지역에서 활동하며 인문학 공부를 하는 의사들에게 현대철학을 강의한 내용 중 하이데거의 철학 강의용 원고를 수정한 글이다. 제2장은 2006년 4월 사회와 철학 연구회의 『사회와 철학』 제11권에 실렸던 논문 「철학자와 나치 : 하이데거의 철학적 자율성을 어떻게 이야기할 것인가?」(149~206쪽)를, 제3장은 2007년 4월 새한철학회의 『철학논총』 제48집에 실렸던 논문 「하이데거 철학의 생활세계와 실존론적 분석의 문제」를(305~328쪽), 제4장은 2002년 12월 대동철학회의 『대동철학』 제19집에 실렸던 논문 「하이데거의 예속모델로서 들음과 순종」을(1~19쪽), 그리고 마지막으로 제5장은 2005년 12월 대동철학회의 『대동철학』 제32집에 실렸던 논문 「『존재와 시간』

에 대한 정치철학적 해석의 가능성 : 하이데거는 포드주의 철학자인가?」(241~261쪽)를 수정하거나 재구성한 글임을 밝혀둔다. 이전에 출판되었던 자료들을 사용할 수 있도록 허락해준 학회에 감사드린다.

끝으로 철학이라는 학문의 길로 이끌어 주시고 끊임없는 영감으로 지금까지 동행해 주신 운제 백승균 선생님, 변함없는 신뢰를 담은 멘토 역할로 든든한 버팀목이 되어주시는 이윤갑 교수님 그리고 어렵고 힘든 독일 유학 시절 플라톤, 스피노자, 헤겔 그리고 하이데거 철학의 참맛을 느낄 수 있도록 인도해 주신 지도교수 Pro. Dr. Dieter Wandschneider의 후의에 감사드리며, Pro. Dr. Wolfgang Kuhlmann, Pro. Dr. Helmut Koenig, Pro. Dr. Harald May와 맺은 우정도 잊을 수 없다. 또한 이 책이 출판될 수 있도록 도와주신 신일희 총장님 그리고 항상 아낌없이 격려해 주시는 강판권 교수님, 김용일 교수님, 김해동 교수님, 송형석 교수님, 정진갑 교수님, 최미정 교수님, 최중재 교수님께도 깊이 감사드린다. 끝으로 이 글을 꼼꼼히 읽고 지적해 주신 김형찬 교수님, 이강화 선생님께도 감사드리며, 이 책이 멋진 얼굴을 하고 세상에 나올 수 있도록 표지디자인을 해 주신 시각디자인과 임헌우 교수님께 감사드린다.

2014. 07.07
궁산 자락에서
이재성

차 례

제 1 장

하이데거 철학에 대한 일반적 이해 :
『존재와 시간』을 중심으로

하이데거 철학
삐딱하게 읽기

-『존재와 시간』에 대한 정치철학적 해석-

제1장

하이데거 철학에 대한 일반적 이해 : 『존재와 시간』을 중심으로

01 후설(E. Husserl)이 창시한 '현상학'(Phaenomenologie)은 독일에서 하이데거(M. Heidegger)의 사유로 이어졌고, 이후 프랑스로 옮겨온 이 학문적 방법은 사르트르(J. -P. Sartre), 레비나스(E. Levinas), 메를로퐁티(M. Merleau-Ponty) 등으로 이어지며 독창적인 사유를 낳는 자극제가 되었다. 이 사유의 전통을 굳이 '독창적'이라고 표현하는 이유는, 후설의 사상이 완전히 정리되기도 전에 이미 현상학은 현상학이라는 틀 안에 가두어두기 어려운 형태의 새로운 사상들로 발전했기 때문이다. 후설의 현상학에 따르면 대상(현상)은 늘 '의식'에 주어진 대상이며, 의식 외부에 다른 존립방식을 가지지 않는다.

후설의 생각과 달리 하이데거는 의식 활동에 선행하는 '존재'의 의미를 밝히고자 했다. 하이데거는 먼저 어떤 것이 '존재'해야만 그 다음으로 그것이 의식에 주어질 수 있다고 생각했다. 따라서 현상학도 궁극적인 차원에서는 '존재'에 대한 연구가 될 수밖에 없다는 것이 그의 생각이었다. 후설과 하이데거의 철학사상에 영향을 받은 사르트르는 후설의 의식철학을 더욱 급진화시켜 '익명적 의식'에 도달했다. 그는 자아를 미리 제한하는 사회적·문화적 내용이 완전히 제거된 이 순수 의식은 '자유' 외에 다른 것이 아니라고 생각했다. 사르트르는 이 자유로운 의식의 삶을 그려나간다. 레비나스는 사르트르의 주체의 자발적 의식이나 하이데거의 '존재함(존재사건)'보다, 타자가 출현하는 사건을 근본적 차원에 놓는다. 그는 타자를 무한의 흔적으로 기술하며, 타자와 마주침으로써 초월하는 길을 윤리적 맥락에서 열어보이고자 한다. 메를로퐁티는 플라톤(Platon)에서 데카르트(R. Descartes)에 이르기까지 간과되어온 '몸'의 문제에 관심을 기울인다. 그는 우리의 모든 지각은, 마치 거대한 다이아몬드의 흠집 같은 몸의 굴절을 통해서 이루어진다고 주장한다. 즉 몸은 의식의 모든 활동과 경험의 배후에 전제되어 있는 가장 근본적인 바탕인 것이다. 한마디로 이 모든 현상학적 철학의 정신은 경험을 가능하게 해주는 가장 근본적인 층위가 무엇인지에 대해 해답을 내놓은 것이다. 그것은 하이데거에서 '존재', 사르트르에서 '익명적 의식', 레비나스에서 '타자와의 만남', 메를로퐁티에서 '몸'으로 나타난다.

02 하이데거(Martin Heidegger, 1889~1976)는 1889년 9월 26일 독일 남부의 메스키르히라는 작은 도시에서 태어났다. 아버지는 성 마르틴 성당의 성당지기였다. 프라이부르크 대학에 입학한 것이 지방 신문에 날 정도로 하이데거는 김나지움에서 두각을 나타낸 학생이었다. 1913년 「심리학주의의 판단이론」으로 박사 학위를 취득했으며, 2년 뒤 신칸트학파의 대표자인 리케르트의 지도하에 교수임용자격논문인 「둔스 스코투스의 범주론과 의미론」을 완성했다. 1915년부터 강

의를 시작하면서 학생들을 매료시켰다. 그의 강의는 당시 강단철학의 틀을 깨고 자신의 독자적인 길을 개척해 나가는 통로이기도 했다. 많은 학생들이 하이데거의 옷차림이나 말투, 행동을 모방했다. 그는 이런 강의를 토대로 1927년에 「존재와 시간」(Sein und Zeit)을 출간했다. 하이데거는 이 책 한 권으로 단번에 시대의 지도적인 철학자로 부상하였으며, 마침내 1928년 후설의 후임으로 프라이부르크 대학의 정교수가 되었다.

하이데거는 20세기 사상계에 가장 큰 영향을 끼친 사상가 중의 한 사람이다. 그는 비트겐슈타인(L. Wittgenstein)과 함께 20세기 최고의 철학자로 불린다. 그러나 단순히 영향력이라는 측면에서 보면 비트겐슈타인은 하이데거를 따라 갈 수 없다. 왜냐하면 20세기의 거의 모든 철학적 조류, 최근의 포스트모더니즘과 푸코, 데리다의 사상을 비롯한 후기구조주의뿐만 아니라 마르쿠제와 하버마스의 비판이론, 아렌트의 정치철학, 실존철학과 현상학, 가다머의 철학적 해석학, 철학적 인간학, 언어철학과 과학이론에서 하이데거의 철학 흔적을 쉽게 발견할 수 있다. 철학뿐 아니라 문학과 문예비평, 심리학, 신학, 생태학 등에도 지대한 영향은 확인된다.

03 하이데거는 수많은 저작과 논문, 방대한 강의록을 남겼으며, 지금도 그의 전집은 계속 간행되고 있다. 그럼에도 『존재와 시간』이야말로 그의 철학을 체계적으로 표현한 거의 유일한 작품이라 할 수 있다.[1] 하이데거의 『존재와 시간』은 "일상적인 인간의 삶의 현상학이며

1_ 하이데거의 주저인 『존재와 시간』이 어떤 배경 하에서 등장하게 되었는가는 W. 블라

우리가 직면하는 가장 극단적인 실존적 도전들과 조우함으로써 일어날 수 있는 자기의 전환에 관한 탐구"이다.[2] 말하자면 하이데거는 『존재와 시간』에서 인간의 진정한 실존방식을 회복하려는 자신의 의도, 즉 본래적 존재에 가닿으려는 철학의 노력을 처음부터 끝까지 밀고 나간다. 즉 '존재'(Sein)의 참된 의미가 무엇인지 탐구하는 것이 『존재와 시간』의 처음이며 끝이다. 그렇다면 하이데거가 말하는 '존재'란 무엇인가? 여기서 우리는 우선 물음의 대상이 '존재'이지 '존재자'가 아니라는 것에 유념해야 한다.

우리는 사물들을 감각적으로 지각하기도 하지만 가령 인과율과 같은 것을 통해 이치에 합당하게 이해하기도 한다. 이렇게 우리가 존재자를 인식할 때는 마음의 두 가지 능력, 즉 '감성'(aisthesis)과 '지성'(noesis)이 작동한다. 그런데 이 두 가지를 통해서 알 수 있는 것은 '존재하는 것(존재자)'의 내용을 차지하는 정보들뿐이다. 예컨대 '저것은 빨간 색이다.' '나는 인간으로 분류된다.' 등. 즉 존재자의 '존재함' 자체는 마치 손가락 마디사이로 빠져나가는 샘물처럼 우리 인식 능력이 포착할 수 있는 범위 바깥으로 사라져버린다. 어떤 것이 먼저 '존재'하고 난 후에야, 감성과 지성이라는 인간의 인식 능력 앞에 '존재자'로서 나설 수 있는 것이다. 그런데 철학사에서는 감성과 지성을 가지고 존재자의 생김새만 훑고 있었지, 그것의 존재함이라는 사건은 '망각'하고 있었다는 것이 하이데거의 지적이다.

트너, 『하이데거의 『존재와 시간』 입문』(한상연 옮김), 파주: 서광사, 2012, 15-26쪽 참조. 더불어 하이데거 『존재와 시간』에 대한 보다 쉬운 이해를 위해서는 박찬국, 「하이데거의 「존재와 시간」 강독」, 서울: 그린비, 2014를 보라.

2_ W. 블라트너(2012), 27쪽.

04 자, 그렇다면 우리는 어떻게 '존재'에 다가갈 수 있을까? 주변에 흩어져 있는 존재자들에서부터 차근차근 더듬어보자. 책상이나 의자와 같은 물건의 '존재의미'는 무엇인가? 그들의 존재의미는 바로 '용도'에서 찾아진다. 즉 서류나 책을 펼쳐놓기 위해 존재하는 것이 책상이고, 앉기 위해 존재하는 것이 의자다. 그러면 이들을 사용하는 자는 대체 누구인가? 바로 '존재에 대해 물음을 던지는 자'이다. 책상의 존재의미는 무엇인가? 바로 내가 사용한다는데 그것의 존재의미가 있다. 그렇다면 책상을 사용하며 살아가는 나 자신의 존재의미는 무엇인가? 이런 식으로 계속해서 존재의 의미에 대해 물음을 던지는 행위가 그의 존재방식 자체인 자를 가리켜 하이데거는 '현존재'(Dasein)라 부른다. 바로 우리 자신, 즉 '인간존재'의 다른 표현이다. 모든 사물의 존재의미는 바로 그것을 이해하려는 현존재에 종속된다. 왜냐하면 사물들의 의미는 현존재의 존재의미에 좌우될 것이기 때문이다. 따라서 모든 '존재자의 존재'에 대한 물음은 현존재 자신의 존재의미에 대한 물음으로 환원된다.

05 현존재의 존재방식이 존재에 대해 묻는 일에 속한다는 것을 우리는 일상적인 삶에서 쉽게 발견할 수 있다. 우리는 일상에서 끊임없이 묻는다. 왜 사는지, 왜 태어났는지, 무엇을 하는 것이 의미 있는 일인지. 이러한 모든 물음은 현존재 자신의 존재의미에 관한 물음이다. 또 현존재가 자신의 존재의미에 대해 묻는다는 것은 현존재가 그의 존재의 '내용'을 채우는 특정한 본질을 가지고 있지 않음을 뜻한다. 가령 선하다, 악하다 같은 특정한 내용이 우리 존재의 본질이라면, 우

리는 미리 주어진 그 본질에 따라서 살면 되지 존재의 의미에 관한 물음을 던질 필요가 없을 것이다. 따라서 굳이 현존재의 본질을 따진다면, 그것은 어떤 내용적인 규정(가령 '인간이다', '이성을 가지고 있다' 등)이라기보다 그저 존재한다는 사실, 곧 '실존'(Existenz)이다. 하이데거는 이 실존을 "현존재가 (존재론적으로-존재하는 것과 : 필자 주) 이렇게 또는 저렇게 관계를 맺을 수 있고 또 언제나 어떻게든 관계 맺고 있는 존재 자체"라고 부른다.[3] 현존재의 '본질'은 그의 실존에 있다. 말하자면 현존재는 자신이 누구이며, 어떻게 살아야 하는지 알려주는 본질 없이 그저 존재 안에 내던져져 있다(geworfenheit).

06 그러나 하이데거가 이렇게 '인간은 자신의 존재를 문제 삼는 존재'라고 말할 때 이는 인간이 '항상' 자신의 존재를 문제 삼는다는 것을 의미하지 않는다. 오히려 '우선 그리고 대부분의 경우' 인간은 자신이 태어난 특정한 사회가 요구하는 틀에 맞춰서 산다. 흔히 우리는 주체적으로 자신의 삶을 영위한다고 생각하지만 대부분의 경우 사회적으로 승인된 사고방식과 생활방식에 따라 산다. 우리가 무엇을 하고 어떻게 해야 하는지에 대해서는 이미 사회적 관습과 여론이 결정해놓고 있다. 사회는 이미 내가 어떤 대학을 가야하고 어떤 부류의 사람과 결혼해야 하며 어떤 직업을 가져야 하는지를 나에게 지시하고 있으며, 나는 보통 그러한 지시를 충실하게 따르며 산다. 인간은 사회가 제시하는 삶의 가능성들이 과연 자신이 추구해야 할 진정한 가능성인지를

3_ M. Heidegger, *Sein und Zeit*, Tübingen 1972, 12쪽(이기상 역, 『존재와 시간』, 까치 2000). 이 저서는 앞으로 Heidegger(1972)로 약호하며 인용할 경우 각주에 괄호로 약호와 쪽수만 표기한다. 이 외의 하이데거 저작들은 따로 출전을 밝힌다.

대체로 묻지 않고 사회에 적응하기 바쁘다. 하이데거는 이런 삶의 방식을 비본래적인 실존이라 규정한다. '비본래적인'(uneigentlich)이라는 말은 내가 나 자신의 고유한 삶을 살지 못하고 세상이 시키는 대로 살고 있음을 의미한다. 이 경우 나의 삶의 주체는 나 자신이 아니라 사실은 익명의 '세인'(das Man)이다. 나는 세인들이 생각하는 대로 생각하고 세인들이 사는 대로 산다. "우리는 **남들**이 즐기는 것처럼 즐기며 좋아한다. 우리는 **남들**이 보고 판단하는 것처럼 읽고 보며 문학과 예술에 대해서 판단한다. 우리는 또한 **남들**이 그렇게 하듯이 '군중'으로부터 물러서기도 한다. 남들이 격분하는 것에도 우리는 '격분한다.'"[4]

07 우리는 무엇을 좇아서 사는가? 대개 '세인'의 말을 뒤좇아서 산다. 무엇을 전공으로 선택해야 하며 무슨 직업을 갖는 것이 좋은지, 남들의 시선과 의견에 귀를 열어놓는다. 남들의 의견에 파묻힌 이런 삶은, 무엇이 우리 존재함의 참다운 방식인지 묻는 일을 망각하고 있는 한에서, 한마디로 '잡담'(das Gerede)에 따라 사는 것이다. 또 우리는 '호기심'(die Neugier)에 끌려 다니기도 한다. 맹목적으로 유행을 찾고 첨단적인 것에 몰입한다. "언제나 새것과 만나는 것을 계속 바꿈으로써 생기는 동요와 흥분을 찾는다."[5] 그리고 동요와 흥분 속에서 참된 존재방식은 잊혀진다. 참된 삶은 가난해지고 "가장 요란한 잡담과 가장 솜씨 좋은 호기심이 '사업'(Betrib)을 관장하고 있는 곳에 일상적으로는 모든 것이 일어나고 있지만, 근본에서는 아무것도 일어나

4_ Heidegger(1972), 127쪽.
5_ Heidegger(1972), 172쪽.

고 있지 않은 곳인 거기에 존재한다."[6] 여기서 '사업'이란 근대적 이성이 낳은 테크놀로지에 입각한 바쁜 현대인의 삶을 뜻한다. 현대적 일상의 화려한 잡담과 호기심 속에서는 겉치레뿐인 것이 실상 추락임에도 불구하고 상승으로 착각된다. 호기심에 사로잡힌 삶에서는 사람들끼리 주고받는 말도 깊이와 책임성이 결여된 잡담일 뿐이다. 잡담과 호기심은 타인과 사태에 대한 진정한 이해나 관심을 목표로 삼지 않는다. 잡담과 호기심에는 항상 타인과 사태에 대한 애매하고 무책임한 추측만 있을 뿐 애정 어린 이해와 관심 그리고 함께 책임지려는 자세, 즉 연대는 존재하지 않는다. 이렇게 존재함의 진정한 방식이 흐려져 있는 것이 '애매성'(die Zweideutigkeit)이다. 이러한 잡담, 호기심, 애매성은 진정한 존재방식을 망각한 '뿌리 뽑힌 존재양식', '비본래적인' 존재양식을 표현한다. 이렇게 볼 때 하이데거 철학 안에는 뚜렷한 방향성이 있는데 그것은 바로 우리 존재의 이런 비본래성으로부터 '본래성'으로의 이행이 어떻게 이루어지는지를 찾아가는 것이다.

08 현존재는 존재자들과의 관계 속에서 존재한다. 현존재는 물을 마시고 태양 빛을 쬐며 집에서 거주하고 부모님의 보살핌과 선생의 지도를 받고 친구들과 사귀면서 살아간다. 다른 인간들을 비롯한 존재자들과의 관계는 현존재의 삶에 필연적으로 속해 있다. 때문에 현존재는 존재자들과의 관계에서 완전히 벗어난 진공상태에서 살 수 없다. 하이데거는 현존재의 이러한 존재방식을 '세계-내-존재'(In-der-Welt-Sein)라고 말한다. 이때 그는 현존재가 인간이 아닌 다른 존재

6_ Heidegger(1972), 174쪽.

자들과 구체적으로 관계하는 것을 '배려'(besorgen)라고 부르는 반면에, 다른 인간들과 관계하는 것을 '심려'(fuersorgen)라고 부른다. 이렇듯 존재자들과 온몸으로 관계하면서 현존재는 존재자들이 무엇인지를 이미 이해하고 있다. 다른 존재자들과 함께 노동하고 미워하고 사랑하면서 현존재는 다른 인간들이 단순한 사물이 아니라 하나의 인간으로 존재한다는 것을 온몸으로 체득하며, 망치로 못을 박으면서 망치가 무엇인지를 온몸으로 이해한다.

09 하이데거는 모든 존재자가 서로 하나의 통일된 전체를 이루면서 한갓 인간의 도구로서가 아니라 그 자체로서 드러나 있는 상태를 진정한 의미의 '세계'(die Welt)라고 부른다. 이러한 세계와 이러한 세계에서 드러나는 존재자는 우리가 살고 있는 일상적인 세계와 분리되어 따로 존재하는 세계와 존재자가 아니다. 그것들은 사실상 동일한 세계이며 존재자이다. 이 세계에서 내가 경험하는 꽃이나 망치는 일상적인 세계에서 경험한 것과 동일한 꽃이고 망치이다. 일상세계에서 이러한 존재자들은 나에게 낯익고 자명하게 나타나지만 근원적인 세계에서 그것들은 처음 보는 것처럼 낯설고 경이로운 것으로 드러난다. 그렇다면 존재자가 단순히 도구가 아니라 자체의 깊이와 충만함을 갖는 것으로 나타나는 근원적인 세계는 어떻게 개시될 수 있는가? 내가 비본래적인 삶과 세계로부터 벗어나는 것은 그것으로부터 벗어나겠다는 단순한 결단을 통해서 일어나지 않는다. 왜냐하면 우리는 태어날 때부터 사실상 세인의 세계에 던져지고 그러한 세계의 가치관을 자명하게 받아들이기 때문에 세인의 지배에서 벗어나는 것이 지극히 어렵기 때문이다.

10 그러나 만일 현존재가 존재의 '본래적인'(eigentlich) 의미를 찾는다면, 현존재는 존재의 참된 자리, 즉 '진리'의 자리에 있게 될 것이다. 그렇다면 현존재는 존재의 의미에 과연 어떻게 도달할 수 있을까? 인식의 두 원천, 즉 감성과 지성은 존재자에 관여하지, 존재에는 관여하지 못한다. 즉 감성은 존재자를 경험하고, 지성은 판단 속에서 존재자를 규정할 뿐이다. 가령 '사과는 붉다.'와 같은 성질에 대한 규정이 그러하다. 따라서 존재의 의미에 대해 접근하기 위해선 감성도 지성도 아닌 제3의 길이 필요한데, 그것이 바로 '기분'(die Stimmung)이다. "우리는 실제로 **'존재론적으로'** 원칙적으로 세계의 일차적인 발견을 '순전한 기분'에 내맡겨야 한다."[7] 이 기분 가운데서 현존재를 본래적 존재의 자리로 인도해주는 기분이 바로 '불안'(die Angst)이다. 공포가 구체적인 특정 대상으로부터, 즉 무서운 성격을 지닌 대상으로부터 오는 기분이라면 불안은 그 대상이 없는 것이 특징이다. 세계 안에서 사람들은 공포스러운 대상은 찾을 수 있어도 불안의 대상은 찾을 수 없다. 불안은 막연한 기분이다. 그것은 구체적인 대상이 없다는 데서, 즉 '무'(das Nichts)에 대해서 느끼는 기분이다.

11 그렇다면 무(無)에 대한 불안을 야기하는 것은 궁극적으로 무엇인가? 하이데거는 그것을 '죽음'(der Tod)라고 말한다. 하이데거에 따르면 죽음은 현존재의 **"가장 고유한, 무연관적인, 건너뛸 수 없는 가능성"**이다.[8] 죽음은 어느 누구도 대체할 수 없는 구체적이고 유

7_ Heidegger(1972), 138쪽.
8_ Heidegger(1972), 251쪽.

일한 존재로서의 나의 죽음이다. 나는 그 어느 누구와도 구별되는 유일한 삶의 역사를 갖는다. 죽음은 이러한 독자적인 역사를 갖는 나의 죽음이다. 따라서 어느 누구도 나의 죽음을 대신할 수 없다. 사람들이 집단적으로 죽을 때조차도 죽음은 어디까지나 각각의 나의 죽음이다. 죽음의 경험을 통해서 현존재는 자신의 가장 고유한 '존재가능'(Seinkoennen)에 직면하게 된다. 이러한 가능성은 현존재가 지금까지 집착해왔던 모든 일상적인 가능성의 허망함을 드러내면서 그것을 '무'로 떨어뜨리는 극단적인 가능성이기 때문에 다른 가능성들에 의해서 능가될 수 없는 가능성이다. 이러한 의미에서 죽음은 현존재의 최고의 심급이다.

현존재는 죽음 앞에서 자신이 일반적으로 집착해왔던 가능성들인 높은 명예와 보수는 단적으로 허망한 것임을 발견하게 된다. 죽음 앞에서 현존재는 자신이 지금껏 궁극적인 목표로 생각한 높은 명예나 보수는 생존을 위한 보조적이고 부차적인 의미밖에 없는 가치들이며, 자신을 비롯한 모든 존재자와의 진정한 관계의 수행이라는 궁극적 목표에 복속되어야 할 것들임을 발견하게 된다. 죽음은 가장 확실한 가능성이다. 이 세상의 수많은 것이 불확실하다고 해도 우리가 죽는다는 것은 확실하다. 죽음은 우리 앞에 끊임없이 서 있는(bevorstehen) 가능성이다. 그러나 우리는 보통 다른 사람의 죽음을 보면서도 '나는 아직 죽지 않았다'고 안도하면서 죽음이 자신들에게는 아직 먼 사건인 것처럼 생각한다. 이와 달리 죽음 앞에서 도피하지 않고 그것을 용기 있게 인수하면서 일상적인 가능성들에 대한 집착에서 벗어나 자신의 본래적인 가능성을 선택하는 것을 하이데거는 '죽음으로 자각적으로 앞질러 달려가 봄', 즉 '죽음으로의 선구'(Vorlaufen)라고 말한다.

12 일상에서 우리는 죽음을 눈앞에 두지 않고서도 어느 순간 삶에 대한 무상감에 강하게 사로잡힐 때가 있다. 이 순간 그동안 소중하게 생각했던 모든 것이 무가치해지고 그런 것에 집착해온 삶 전체가 무의미하고 공허해진다. 이러한 무상감은 우리가 느끼고 싶어서 느끼는 것이 아니라 어느 날 갑자기 우리 앞에 찾아와서 우리의 삶과 세계를 전적으로 다르게 드러내는 '기분'이다. 하이데거는 이런 기분을 '불안'이라고 부른다. 불안이란 기분을 통해서 우리가 그동안 안주해온 일상세계는 의미를 상실하게 된다. 불안은 궁극적으로 '죽음에 대한 불안'이다. "죽음 앞에서의 불안은 가장 고유한, 무연관적, 건너뛸 수 없는 존재가능 '앞에서'의 불안이다."[9] '존재가능'은 세계 안에서 '현존재에게 가능한 것'을 통칭한다. 그리고 세계 안에서 가능한 것 가운데 하나가 바로 '죽음'이다.

죽음을 통해 현존재는 '무'에 직면하는데, 바로 죽음 앞의 불안은 이 무의 가능성을 드러낸다. 이렇게 존재의 근본적인 가능성에 무가 속한다. 존재의 근본에 무가 속한다는 것을 편의상 인간학적으로 바꾸어 표현하면, 우리는 언젠가 필멸, 즉 '필연적으로 죽는다.'는 것이다. 인간은 존재의 본질에 무가 속해 있다는 사실이 주는 섬뜩함으로부터 달아나서 '세인들' 속에 숨으려고 한다. 세인들 속에서 잡담, 호기심, 애매성을 즐기며, 대중들의 따뜻한 해석을 척도 삼아 자기 삶을 평가해보려고 하는 것이다. 그러나 늘 엄습해오는 죽음에의 불안은 궁극적으로 이런 도피를 불가능하게 한다.

9_ Heidegger(1972), 251쪽.

13 불안이라는 기분은 우리가 그동안 집착해온 그 모든 것의 무의미를 드러내면서 우리 자신을 비롯한 모든 것을 섬뜩하고 낯선 존재로 직면하게 하기 때문에 그 어떠한 고통보다도 더 큰 고통을 초래하지만 우리는 이러한 고통을 용기 있게 받아들임으로써 새로운 인간으로 다시 태어나게 된다. 죽음에 대한 불안이라는 연옥불을 통과함으로써 인간은 세인이 숭상하고 연연해 하는 모든 가치들과 그것들을 기준으로 모든 것을 평가하던 왜소한 인간에서 모든 존재자가 드러내는 유일무이한 충만한 존재에 감응하는 열린 인간이 되는 것이다. 따라서 불안은 지금껏 공공의 잡담 속에서 망각되었던 자신의 고유한 존재함의 방식을 드러내준다. "불안은 현존재 안에서 가장 고유한 존재가능으로 향한 존재를 드러내준다. 다시 말해서 자기 자신을 선택하고 장악하는 자유에 대해서 자유로운 존재를 드러내준다."[10]

그렇다면 어떻게 죽음이라는 소멸의 사건 앞에서 자신을 선택하고 장악하는 자유가 가능해진다는 말인가? 우리가 통상적으로 알고 있듯이 죽음은 파멸의 사건이 아닌가? 죽음이 있기에 우리는 비로소 한사람의 '유한자'로 설 수 있게 된다. 죽음은 "현존재 자신이 각기 그때마다 떠맡아야 할 존재가능성이다."[11] 죽음 앞에서 현존재는 그가 거기에서 끝나버리는 그런 종말을 가지고 있는 것이 아니라 유한하게 실존한다. 그렇다면 왜 굳이 유한한 실존이어야 하는가? 무한한 존재란 마치 아무런 제한도 규정도 없는 태초의 카오스 같은 것이다. 고대인들은 이런 무제한성을 악으로 간주했다. 따라서 고대의 조각상이 본래적인 실존을 얻으려면, 아무런 규정이 없던 대리석이 조각가의 노력을

10_ Heidegger(1972), 188쪽.

11_ Heidegger(1972), 250쪽.

통해 형식(형태) 속으로 들어가 한정되어야만 한다. 또 문명에 빛이 들려면, 삶의 장소를 한정해서 폴리스라는 형식을 얻어야만 한다. 그리고 신이 임재하려면 제한 없던 어두운 대지 위에 신전의 경내를 설정해야 한다. 오로지 '유한하게 제한하는 일'이 관건인 것이다.

14 하이데거의 '실존'도 마찬가지다. 죽음에 의해서 유한하게 되는 방식으로만 비로소 실존하는 자에게 자신을 선택하고 장악하는 '자유'(Freiheit)가 찾아온다. 죽음으로의 선구는 하이데거가 현존재의 존재의미를 '시간성'(Zeitlichkeit)으로 드러내는 결정적 단서이다. 죽음은 각각의 현존재에게 무한한 시간 안에서 일어나는 사건이 아니라 그에게 주어진 유한한 시간이 종말을 고하는 사건(Ereignis)이다. 사람들은 보통 죽음을 무한한 과거에서 무한한 미래로 뻗어 있는 선형적 시간 속의 한 사건이라고 생각하지만 이러한 시간은 자기 자신의 죽음에 직면해 있는 각각의 현존재가 경험하는 시간이 아니라 자신의 죽음과 각각의 현존재를 망각한 세인에게 나타나는 시간이다.

사람들은 보통 자신이 죽음에 처해 있음을 망각하면서 자신에게 무한히 많은 시간이 주어졌다고 생각한다. 사람들은 자신이 죽는다는 사실을 막연하게 알고는 있지만 그 사실을 지금 이 순간 온몸으로 인정하지 않는다. 사람들은 자신의 삶이 그렇게 마냥 계속될 것이라고 생각한다. 사람들이 이렇게 생각하는 것은 사실 자신이 죽음에 처해 있다는 사실을 잊고 싶기 때문이다. 따라서 시간이 무한히 계속해서 흐른다고 보는 일반적인 생각은 죽음에 눈을 감고 회피하려는 자기기만의 산물이다. 하이데거가 말하는 죽음으로의 선구는 현존재가 죽음을 앞당겨서 자살하는 것이 아니라 그 어느 것에 의해서도 대체될 수 없는 각자의 고유성을 자각하는 사건이다. 그리고 현존재의 존재가 결국은 '탄생에서 죽음에 이르는 유한한 시간'이라면 죽음으로의 선구는 현존재가 자신에게 주어지 유한한 시간을 자기 자신만의 일회적인 시간으로 경험하게 되는 것을 의미한다.

15 이제 현존재는 죽음으로 선구하면서 자신의 본래적인 가능성, 즉 자신의 미래(Zukunft)로 나아가는 동시에 탄생에서 현재에 이르는 과거(Gewesenheit)를 새롭게 경험하게 된다. 하이데거는 이를 현존재가 자신의 과거를 근원적으로 반복하는 것이라고 부른다. 이렇게 자신의 본래적인 자기를 인수하고 자신의 과거를 근원적으로 반복하면서 이제 현존재는 자신의 현재(Gegenwart)를 새롭게 경험하게 된다. 현재의 세계가 그전과는 전혀 다르게 현존재에게 개현되는 것이다. 현존재는 자신의 미래를 진정한 가능성으로 선구하고 자신의 과거를 근원적으로 반복하면서 현재를, 즉 현존재 자신을 비롯한 모든 존재자가 자신들의 진리를 드러내는 상황을 개시하는 것이다. 이런 본래적 현재를 하이데거는 '순간'(Augenblick)이라고 부른다. 이러한 순간에 현존재는 '무한히 이어지는 시점들'에 산만하게 분산되어 있던 상태에서 벗어나 자신의 진정한 통일성과 전체성을 경험하게 된다.

16 하지만 우리는 죽음에 의해 제한되지 않고 무한하게 사는 존재자라고 한번 생각해보자. 이런 삶에는 인생의 어떤 계획도 들어설 수 없고, 성취를 취할 척도도 있을 수 없다. 무한한 시간을 뭐하려고 계획하며, 또 어떻게 계획할 수 있겠는가? 그것은 아무런 지표도 기준

도 가질 수 없는, 앞뒤로 사방팔방으로 뻗어 있는 망망대해와 같다. 오직 우리가 유한존재일 때만 우리는 인생에서 앞날을 '염려'하며 시간을 쪼개 이런저런 계획을 세우고 가치 있는 일을 선택하는 자유를 누릴 수 있는 것이다. 요컨대 죽음은 우리에게 이런 모든 자유와 선택의 가능성을 열어주는 '종말'이다.

17 그렇다면 불안은 과연 우리가 죽을 존재라는 사실을 드러내주는 것으로 충분한 것인가? 불안을 통해 현존재는 자신의 '실존론적'(existenzial) 구조, 즉 존재함의 근본구조를 알게 되었다. 이와 달리 존재자들 그 자체를 즉물적으로 취급하며 살아나가는 현존재의 방식은 '실존적'(existentielle)이라 불린다. 하이데거는 존재자의 존재에 관여하는 전자를 '존재론적'(ontologisch), 존재 물음을 도외시한 채 존재자들에 관여하는 후자를 '존재적'(ontisch)이라 칭한다. 존재자가 아닌, '존재'를 문제 삼는 "존재론적 물음은 분명히 실증과학이 던지는 존재적 물음과 대배해 볼 때 더 근원적이다."[12] 그러나 우리는 늘 실존론적 차원에서 존재에 대해 관심을 갖고 살아가는 것은 아니며, 다양한 존재자들에 대해 그저 실존적으로 몰입한 채 살아간다.

18 따라서 이 지점에서 일어날 수 있는 문제는 실존론적으로 '가능한' 죽음을 향한 존재가 실존적으로는 일종의 환상적인 추측으로 남을 수도 있다는 것이다. 말하자면 존재론적 구조의 차원에서 죽음 때

12_ Heidegger(1972), 11쪽.

문에 유한하게 실존하는 것이 현존재라고 하더라도, 그것이 일상 속에 실현되지 못한다면 아무런 소용이 없다는 말이다. 바로 이 실현은 '결단'(Entschlossenheit)을 통해서만 가능해진다. 하이데거는 결단을 "탁월한 본래적인 열어밝혀져 있음, 즉 침묵하고 있으면서 불안의 태세 속에 가장 고유한 탓이 있음에로 자기 자신을 기획투사함"이라고 정의한다.[13] 결단을 내리는 일이란 본래적 존재를 일상의 실존적 삶에서 구현하는 일이다. 즉 결단을 통해 현존재는 일상의 삶 속에서 본래적으로 존재할 수 있게 된다. 달리 말하면, 자신의 유한한 실존의 시간을 장악할 수 있는 선택과 자유를 획득하는 것이다. 반면 결단을 내리지 못하는 자는 아예 시간을 잃는다. 호기심을 좇아서 살며 세인들의 잡담에 불과한 평가에 맞춰서 사는 사람이 늘 바쁘고 시간이 없듯이, 자기를 잃어버리고 결단 내리지 않는 자는 거기에서 '자기의 시간을 잃는다.' 그러므로 그에게 맞는 전형적인 말은 '시간이 없다'이다.

19 중요하면서도 흥미로운 것은 일상의 삶에서 이루어지는 이 결단이란 단지 개인의 존재함을 본래적인 것으로 이끄는 데 그치지 않는다는 점이다. 오히려 결단은 타인의 운명에도 관여해서 나의 존재함뿐만 아니라 타인의 존재함도 본래적인 것으로 이끈다. "결단한 현존재는 타인의 '양심'이 될 수 있다. 결단성의 본래적인 자기 존재에서부터 비로소 처음으로 본래적인 '서로 함께'가 발원되는 것이지, '세인' 속에서의 애매하고 질투심 섞인 약속들과 수다스러운 친교 그리고 사

13_ Heidegger(1972), 297쪽.

람들이 도모하려고 드는 일에서부터 생기는 것이 아니다."[14] 즉 결단성이라는 것은 자신의 본래적 존재를 잊고 사는 지리멸렬한 세인들을 본래적 존재의 자리에 데려와서 진정으로 '서로 함께' 있을 수 있도록 해준다. 이런 본래적으로 존재하는 집단을 '세인들'과 구분지어 하이데거는 '민족'(Volk)이라고 부른다. 하이데거가 말하는 본래적 존재란 궁극적으로 개인의 실존에 제한되는 것이 아니며, '공동체의 존재방식'인 것이다.

20 하이데거의 철학은 한마디로 본래적 존재를 망각한 일상적 삶으로부터 우리가 참답게 존재할 수 있는 길을 찾아가는 과정이다. 여기서 잡담과 호기심과 애매성으로 가득 찬 일상이란 근대 과학기술의 힘을 등에 진 근대화된 세계이다. 이 세계는 생산성을 높이는 데만 관심을 가질 뿐 존재자들이 어떻게 참답게 존재할 것인가 하는 문제에는 관심이 없다. 예컨대 두 개의 서로 상이한 기술(art)을 비교해보자. 라인 강에 설치된 수력발전소와 횔덜린의 시작(詩作)의 산물인 「라인 강」(1801). 후자는 라인 강이 진정한 모습이 어떤 것인지, 그것이 본래적으로 존재하는 방식이 무엇인지에 관해 노래한다. 즉 이 기술은 존재자가 참답게 존재할 수 있는 길을 찾아준다. 반면 전자는 전력 생산의 효율을 높이고자 라인 강의 강안을 깎고 변형시킨다. 생산성의 향상이라는 근대산업의 탐욕이 라인 강의 본래적 존재함을 파괴해버리는 것이다. 따라서 이런 근대성 비판과 맞물린 '테히네'(techne)의 근본적 의미의 회복은 하이데거의 가장 중요한 화두 가운데 하나다.

14_ Heidegger(1972), 298쪽.

21 그렇다면 누가 본래적 존재의 목소리를 듣고 결단을 통해 세인들을 이끌어 민족을 모으는가? 하이데거는 사색가(철학자), 시인 그리고 위대한 정치가라고 말한다. 그는 이런 시인의 전형으로 횔덜린을 들고 있다. 그러면 위대한 정치가는 누구인가? 이 물음은 바로 나치협력 혐의가 있는 하이데거 철학의 어두운 국면과 연관될 수밖에 없다. "우리는 집게의 가운데 놓여 있다. 많은 이웃 민족들과 인접해 있고, 그렇기 때문에 늘 위험 속에 처해 있는, 그리고 또 다른 그 무엇에 앞서 형이상학적 민족인 우리 민족은, 그 중심부에 놓여 있다는 사실로 말미암아 가장 뻐저린 집게질을 경험하고 있는 것이다. (…) 역사적인 이 민족이 그 스스로를, 그래서 동시에 서양의 역사를 (…) 있음의 원래적이고도 고유한 힘의 영역으로 옮겨 내세워야 한다."[15] 이 구절은 공동체적 차원에서 존재의 본래적인 의미를 찾아주려는 하이데거의 기획이 역사상으로 파시즘적 독일 민족주의와 관련된다는 의혹을 떨쳐버리지 못하게 한다. 바로 이 의혹에서 하이데거에 대한 철학적 반발로서, 공동체의 전체성(집단주의)에 맞서 '무한'의 흔적으로서 타자를 환대하는 레비나스의 철학 등이 후에 출현하게 되는 것이다.

22 하이데거의 전기 사상이 현존재의 존재구조에 대한 분석과 그것에 입각한 존재의미에 대한 물음이 정태적이고 비역사적인 방식으로 행해졌다면, 후기 사상은 존재의미에 대한 물음이 철저하게 역사적

15_ M. Heidegger, *Einführung in die Metaphysik*, Tübingen 1987(박휘근 역, 『형이상학 입문』, 문예출판사 1997), 74-75쪽.

인 형태를 띠게 되며 현존재 역시 철저하게 역사성에 입각하여 파악된다. 이와 더불어 하이데거는 전기 사상에서 자신의 고유한 존재에 직면하려는 현존재의 결단이 존재가 자신을 개시하는 것을 가능하게 한다고 생각했다면, 후기 사상에서는 현존재의 결단과 통제를 벗어나 현존재가 이미 내던져져 있는 존재의 역사 자체가 현존재에게 그때그때 자신을 다르게 개시한다고 이해했다. 후기 하이데거에게 역사란 현대인들이 믿은 것처럼 인간들이 주체적으로 형성해나가는 과정이 아니고 존재 전체가 그때그때 자신을 다르게 개시하는 사건으로 간주되며, 현존재는 그렇게 개시된 존재의 진리를 존재자 안에 구체화하는 자로 간주된다. 또한 전기 사상에서 현존재의 고유한 존재가 자신을 고지해오는 통로로 간주되었던 기분은 후기 사상에서 존재 전체가 각각의 역사적 시기마다 자신을 고지하는 통로라는 성격을 갖게 된다. 즉 존재의 소리는 존재가 어떤 소리를 낸다는 것이 아니라 '근본기분'(Grundstimmung)이라는 형태로 자신을 고지한다는 것이다. 근본기분은 전기 사상에서 통시대적인 것으로 간주되었다면 후기 사상에서는 역사적인 성격을 갖는 것으로 간주된다. 하이데거는 각 시대마다 지배하는 근본기분이 다르다고 보았다. 즉 존재가 인간이 통제할 수 없는 근본기분을 통해서 엄습해오면서 역사적으로 각 시대마다 다르게 자신을 드러낸다는 것이다.

제 2 장

철학자와 나치 : 하이데거의 철학적 자율성을 어떻게 이야기 할 것인가?

하이데거 철학
삐딱하게 읽기

-『존재와 시간』에 대한 정치철학적 해석-

제2장

철학자와 나치 : 하이데거의 철학적 자율성을 어떻게 이야기 할 것인가?

1. 들어가는 말

많은 사람들은 마르틴 하이데거(Martin Heidegger)를 지난 20세기의 가장 위대한 철학자들 중의 한 사람으로 간주하는데 주저하지 않는다. 하이데거는 1927년 『존재와 시간』을 출판하면서 일약 국제적인 명성을 얻게 된다. 일찍이 위르겐 하버마스(Jürgen Habermas)는 하이데거의 『존재와 시간』의 성격을 "헤겔의 『정신현상학』 이후 가장 중요한 철학적 사건"이라고 규정한 바 있다.[16] 우리는 무엇보다도 『존재와 시간』이 얼마나 성공적이었는지를 이 저서가 갖고 있는 매우 광범위하고 직접적인 영향력을 통해 확인 할 수 있다. 지난 79년 동안 동시대의 다양한 학문 조류들은 하이데거의 저작들로부터 직접적이었든 간접적이었든 그 영향을 크게 받았으며, 직접적으로 하이데거의 저작에 의존하고 있는 경우도 상당하다. 이러한 경우의 대표적인 실례들로

16_ J. Habermas, "Zur Veröffentlichung von Vorlesungen aus dem Jahre 1935", in: ders., *Philosophisch-politische Profile*, Frankfurt(M.) 1981, 67쪽.

서는 실존주의, 해석학, 포스트모더니즘, 생태-여성주의, 심리학, 신학 및 그 외 여러 문학의 사조들을 언급할 수 있을 것이다. 또한 하이데거의 저서들은 매우 상이한 사상가들, 예컨대 마르쿠제, 사르트르, 데리다, 틸리히뿐만 아니라 그 외에도 헤아릴 수도 없을 만큼 많은 다른 사상가들에게 지대한 영향을 미쳤거나 끼치고 있다.

그럼에도 불구하고 하이데거의 전 생애에서 독일 프라이부르크 대학 철학 교수로서의 인생행로는 유별난 사건 때문에 굴절되어버린 경우라고 할 수 있다. 즉, 세계적으로 저명한 철학자 하이데거가 1933년 히틀러가 권력을 장악한 후 당원번호 '3125894'라는 당증을 소지한 나치의 철학자 하이데거가 되었다는 사실이다. 실제로 '하이데거와 민족사회주의와의 관계'에 대한 논의는 최근까지도 강단의 전문 학술지를 벗어나서 대중 출판계와 언론계로부터 화려한 조명을 받는 테마가 되기도 했다. 예컨대 1999년 영국 BBC 방송은 지난 20세기라는 과거사에 중요한 영향을 끼친 세 명의 저명한 철학자들, 즉 니체, 하이데거 그리고 사르트르를 연속 시리즈로 마련해서 방영했다. 이 방송에서 하이데거가 빠지지 않고 논의될 수밖에 없었던 것은 그가 바로 민족사회주의를 지원했다는 사실 때문이었다. 1999년 연말 〈뉴욕비평〉(New York Review of Books)은 새로운 세기를 앞두고 하이데거와 그의 동료인 야스퍼스 그리고 아렌트와의 관계에 대한 기사를 싣기도 했다.

그러나 무엇보다도 이러한 보도와 기사를 통해 상당한 파장을 불러일으킨 것은 한 저명한 철학자의 개인사에서 은폐되었던 어두운 측면이 공개적으로 재조명되었다는 사실이다. 이러한 예에서 알 수 있는 것은, 우리가 하이데거에 대해 근시안적 사고를 갖게 된 근본적인 이유는 '나치로서의 하이데거'와 '그 이후의 하이데거'가 바로 하이데거 그 자신에 의해서 오랫동안 지속적으로 단절되고 은폐되어 왔기 때문이라는 사실이다. 더욱이 이러한 사실은 그의 제자들과 추종자들에 의해서 오늘날까지지도 계속해서 조직적으로 지속되어 오고 있기 때문이다.[17]

이러한 맥락에서 우리는 역사 위조의 연대기 속에서 그 자체 오랫동안 매력적인 테마가 되고 있는 한 위대한 철학자의 '은폐의 역사'를 살펴 볼 필요가 있을 것이다. 이러한 작업을 위해 필자는 우선 '하이데거와 나치의 관계'를 물적 증거를 통해 고찰할 것이다. 그런 후에 하이데거의 정치활동과 철학 사이의 불협화음이 갖는 의미가 무엇인지를 역사, 철학 그리고 신화라는 문제의식에서 비판적으로 검토하고, 마지막으로 하이데거 철학과 현대철학의 관계를 조명함으로써 현대라는 이 지점에서 우리의 철학적 과제가 무엇인지 그 의미를 모색할 것이다.

2. 물적 증거

2.1 하이데거 사상의 형성기

먼저 하이데거는 1889년 남독일 슈바벤의 메쓰키르히라는 곳에서 태어났으며, 거기서 성장했다. 당시 이 지역은 다른 어떤 독일 지역보다도 **경제적**으로 낙후된 곳이었으며, 소농과 소규모 공장들이 지배적이었다. 이 지역의 **정치**는 독일 민족주의, 외국인 혐오 및 반유대주의

17_ 물론 이러한 사실과 관련해서 지금까지 한국에서의 많은 하이데거 전공자나 전문가들의 이해방식 역시 필자는 전혀 예외가 아니라고 생각한다.

와 밀접하게 관련된 '민족주의적 가톨릭주의'라는 정서에 걸맞게 형성되어 있었다. **문화적**으로 본다면 자유주의와 사회주의의 이상 혹은 이념은 엄청난 죄악으로 간주되는 분위기였다. 그러다보니 자연히 사회민주당의 영향은 이 지역에서 '주요한 내부의 적'으로 간주되었다. 그 후 수십 년 동안 이 지역은 민족사회주의를 지원하는 보루 중의 한 지역으로 남게 된다.

하이데거의 가족은 중산계급 이하 출신이었는데, 그의 어머니는 농부 출신이었고, 아버지는 수공업자 출신이었다. 하이데거는 어려서 장래가 촉망되는 학생이었으며, 콘스탄츠에서 계속 공부할 수 있도록 장학금을 받았다. 하이데거는 콘스탄츠에 있는 수련학교에 들어갔다. 이 학교는 당시 그 지역에서 서서히 고조되고 있는 자유주의와 프로테스탄트주의의 영향에 저항하는 보수주의의 보루인 가톨릭 교회에서 설립한 것이었다. 그럼에도 불구하고 이 학교의 몇몇 세속적인 학과들은 민주주의적이고 진보적인 이상에 몰두하고 있었다. 그 학과들에서 이루어진 강의들은 이 학교에서 가장 인기가 있는 것이었다. 그러나 우리는 이러한 진보적 이념들이 젊은 하이데거에게 어떻게 수용되었는지를 정확히 알 수는 없다. 다만 이 시기에 청년기와 성장기를 보냈던 하이데거가 독일이 패권을 잡기 위해 싸웠던 지역에서 다양한 이념적 변화에 직면했을 것이라고 우리는 추측할 수 있을 뿐이다. 우리가 알 수 있는 것은 하이데거가 대학 입학자격을 획득할 당시 목사직 임명을 거부하고 대학의 길을 선택했다는 것 정도이다. 그 와중에 하이데거는 또한 당대의 정당투쟁과 문화투쟁에 휘말려 있었다. 실제로 그는 1920년대 초반 우익 가톨릭 대중주의(Populismus)의 이상(理想)을 대표하는 학생운동의 지도자이기도 했다.

이 지역에서의 반동적이고 외국인을 혐오하는 분위기는 한편으로 제1차 세계대전과, 다른 한편으로는 러시아 혁명에 의해서 더욱 강화되었다. 베르사이유 조약에서 조인된 제1차 세계대전의 결과가 독일 민족주의자들에게 의미한 것은 굴욕적인 패배이었을 뿐만 아니라 또한 적국 프랑스에게 자국의 영토를 상실했음을 의미했다. 전쟁의 패배로 상실된 지역은 전쟁 이후의 우익, 즉 민족주의적 진영에서 보면 세간의 이목을 끌만한 사건이었다. 러시아 혁명으로 독일 노동자계급은 고무되었지만 대부분 가톨릭 출신의 농부들인 남독일에서 러시아 혁명은 그 자체 불안과 공포의 대상이었다. 세계사의 관점에서 본다면, 그 당시에 발생한 위기감은 우익민족주의 운동의 이데올로기가 형성되는 바탕이 되었던 것이다. 이러한 시대정신은 니체의 영향을 받은 철학자 슈펭글러에 의해서 이미 단적으로 표명되었다. 여기서 우리는 하이데거가 그 스스로 걸어가야 할 길의 출발점부터 이미 민족주의의 입장과 상당한 교감상태에 있었음을 짐작할 수 있다. 사실 역사적 맥락에서 드러난 이러한 위기감은 철학자로서의 하이데거가 자신의 전(全) 생애를 통해서 입증해 보였던 테마이기도 하다.

2.2 나치와 하이데거의 관계

1987년 빅토르 파리아스(Victor Farias)의 『하이데거와 민족사회주의』라는 책의 출판은 그동안 철저하게 은폐되어 왔던 '하이데거와 나치의 관계'를 보다 명확하게 입증하는 계기가 되었다.[18] 파리아스는 칠

18_ V. Farias, *Heidegger und der Nationalsozialismus*, Frankfurt(M.) 1989. 한국에서도 그동안의 하이데거와 나치와의 관련내용을 일목요연하게 살펴 볼 수 있게 된 것은 박찬국 교수의 세심한 서술 덕분이다. 이에 대해서는 박찬국, 『하이데거와 나치즘』, 문예출판사, 2001 참조. 아울러 제프 콜린스, 『하이데거와 나치』(이경현 옮김), 이제이

레 출신의 하이데거 제자였으며, 무려 10여 년 동안 1933년에서 1945년까지의 하이데거의 활동과 관련된 전반적인 중요한 자료들을 찾아내고 자세하게 분석한 사람이다. 이 자료들의 대부분은 구동독의 기록보관소와 통일되기 이전의 서베를린 문서센터에서 찾아낸 것들이다. 간단히 말하면, 파리아스의 이 저서는 하이데거의 인생 항로가 걸어온 '은폐의 역사'를 명백히 입증하게 되는 새로운 이정표를 세웠다고 할 수 있다. 그리고 이 책이 출판된 후에 하이데거가 민족사회주의를 지원한 것과 관련해서 연구된 일련의 책들과 논문들이 연이어 쏟아져 나왔다. 그 중에 역사적 자료들을 부각시켜 개괄한 것으로는 1988년에 출판된 「하이데거와 나치들」이라는 글이 있다.[19]

파리아스는 자기 책에서 하이데거가 1932년에 이미 나치들과 교감하고 있었음을 입증하고 있다. 사실 하이데거의 생애를 고찰해 보면, 그 누구도 하이데거가 나치와 교감하고 있었다는 사실에 크게 놀라지 않을 것이다. 히틀러가 권력을 장악한 후 하이데거는 직접 민족사회주의자로 입당해서 1933년에서 1945년까지 민족사회민주주의당(NSDAP)의 당원으로서 충직하게 봉사한다. 그는 히틀러가 정권을 장악한 석 달 뒤인 1933년 4월에 프라이부르크 대학의 총장으로 취임해 1933년 5월 27일 그의 생애에서 가장 저급하고 비열한 총장 취임사를 한다. 이러한 사실에도 불구하고 하이데거의 추종자들과 옹호자들은 하이데거가 이 취임사에서 반동적 교의에 학문을 종속시키려는 나

북스 2004 참조. 그 외에도 최근에 출판된 프레드 달마이어, 『다른 하이데거』(신충식 옮김), 문학과지성사 2011과 이본 셰라트, 『히틀러의 철학자들』(김민수 옮김), 여름언덕 2014 참조.

19_ Th. Sheehan, "Heidegger and the Nazis", in: *New York Review of Books* vom 16. Juni 1988.

치의 시도에 저항하고 '대학의 자율성'을 주장하려는 의도를 표현했던 것이라고 변호한다.

그러나 실제로 행해진 취임사의 내용은 그의 추종자들이나 옹호자들의 주장과는 달리 새로운 민족주의 정권에 봉사하기 위해서 전학부의 학생을 전쟁터로 징집하는 것이었다. 이 강연은 "독일 민족이 미래의 역사로 제일보를 내딛는 행진"으로 바로 나치들의 비상을 축하하는 것을 그 내용으로 삼고 있다. 하이데거는 스스로 "자신의" 국가로 알고 있는 민족에 관해 말함으로써 독일 민족을 민족사회주의 국가와 동일시하고 있다. 더 나아가 하이데거 스스로 "지연과 혈연에 유래하는 힘을 가진 민족을 가장 심오하게 수호해 주는 권력"을 간청하고 있다면 그것은 바로 생물학적 결정주의의 파쇼 이데올로기를 암시하고 있는 것이다.[20]

하이데거는 1933년 6월 30일 하이델베르크의 대학생 조합 앞에서 행한 강연을 통해 새로운 민족사회주의 질서에서 '대학의 역할'과 관련해서 자신의 입장을 명백하게 밝히고 있다. 이 강연의 초안은 피, 인종 그리고 지도자에 대한 절대적 복종을 주장하는 민족사회주의의 이상과 하이데거라는 철학자의 긴밀한 연관성을 선명하게 보여주고 있다.

그는 이 강연에서 대학들이 민족공동체에 가입하도록 유도하고 국가와 긴밀하게 관계하도록 권장한다. 이를 위해서 대학들은 학문의 국제적 진보라는 착각에 빠진 연구 스타일을 포기해야만 했다. 이와 달리 "인본주의적이고, 기독교적인 생각으로는 완화시킬 수 없는 민족

20_ M. Heidegger, "Die Selbstbehauptung der deutschen Universität", Rede vom 27. Mai 1933. 이 구절은 Farias(1989), 155쪽 이하에서 재인용.

사회주의의 정신에서는 보다 격렬한 투쟁이 이루어진다. 국가를 위한 노동에서는 어떠한 위험도 없으며 오로지 무관심과 저항에 의해서만 위험이 나타난다. 그 때문에 진정한 권력만이 올바른 길로 가는 가능성을 가져야 하며 결코 부족해서는 안 된다."[21] 대학공부는 "다시 모험으로 되어야만 하며, 비겁한 자를 위한 피난처가 되어서는 안 된다. 투쟁하지 않는 사람은 그대로 안주하는 것이다. 새로운 용기는 불변성으로 길들여져야만 한다. 그 이유는 지도적인 것의 교육 공간을 위한 투쟁은 오랫동안 지속될 것이기 때문이다. 투쟁은 민족의 지도자인 히틀러가 실현한 새로운 제국의 힘으로 싸우는 것이다. 지속적인 검증으로부터 살아남고 목적을 위해 헌신하는 자기 것에 대한 사상이 없는 종족은 그 사상을 문제 삼아야만 한다. 투쟁은 대학의 교수와 지도자의 모습에서도 중요한 문제"이다.[22]

종전 후에 하이데거는 프라이부르크 대학 총장시절의 자신의 역사를 말살하려고 기도한다. 말하자면 하이데거는 나치들이 자신들의 정치적 목적을 위해 대학을 이용하려는 시도에 저항해서 대학의 불가침을 사수했다고 주장한다. 이러한 하이데거의 역청(瀝青)은 이런저런 강연에서 행해졌지만, 이러한 그의 계속된 끈질긴 변명은 결국 변명 그 자체를 수포로 돌리는 명백한 증거물만 될 뿐이었다.

파리아스는 프라이부르크 대학 총장시절 하이데거의 행적을 강조하고 있는데, 거기서 특히 주목되는 점은 하이데거가 1933년 8월 21일 프라이부르크 대학에서 '총통 전권주의'를 통과시킨다는 내용이다. 이러한 사실은 총장이 더 이상 관례적으로 학부에서 선출되는 것이

21_ M. Heidegger, "Die Universität im Neuen Reich", Vorlesung vom 30. Juni 1933. 재인용은 Farias(1989), 200쪽 이하.

22_ Farias(1989), 200쪽 이하.

아니라 민족사회주의의 교육부 장관에 의해서 임명된다는 것을 의미한다. 더불어 지도자의 총장은 대학의 생명을 좌지우지하는 무제한적인 권위를 갖게 된다. 1933년 10월 1일 하이데거는 공식적으로 프라이부르크 대학의 총장으로 임명된다. 하이데거의 입장에서 보면 이 총장직은 나치 정권의 지도적인 철학자가 되려 했던 그의 노력에 이정표를 세운 셈이다. 그는 스스로 히틀러 제국의 궁정 철학자일 수 있음을 보여주고 있다. 그로 인해 하이데거는 1933년 9월 4일 뮌헨대학의 교수 초빙과 관련해서 "나는 아직 아무런 구속을 받지는 않습니다. 다만 모든 인간적인 것을 보류한 채 임명을 결정해야만 한다는 것을 알고 있습니다. 나는 이 임명을 완수함으로써 아돌프 히틀러가 하는 일에 최선을 다해서 봉사하려고 합니다."라는 답신을 보내며 교수 초빙을 거절한다.[23]

하이데거는 1933년 11월 3일 지도자 총장으로서의 자신의 충실한 역할수행의 한 실례로 나치의 '인종차별법'을 모든 학생들에게 적용하라는 지시를 내린다. 이 법령의 핵심은 나치 친위대(SS), 나치 돌격대(SA) 그리고 다른 준 군사단체에 소속되어 있는 학생들에게 특전을 베푸는 것에 있다. 유대인 출신 학생들, 맑스주의 학생들 또는 나치의 법령에 따라 아리아인으로 간주되지 못한 학생들에게는 재정적 지원이 허용되지 않았다.[24] 더 나아가 1933년 12월 13일 하이데거는 전 세계에다 판매할 목적으로 친(親)히틀러 연설을 담은 책자 출판을 위한 기부금을 독일 학술협회에 요청하기도 한다. 이 편지의 말미에서 그는 "당연히 비(非)아리아인은 서명란에 나타나서는 안 된다는 것을 특

23_ Farias(1989), 228쪽.

24_ Farias(1989), 177쪽 참조.

별히 지적합니다."[25]라는 첨언을 달고 있다. 이외에 1933년 12월 22일 하이데거는 바덴의 문화장관에게 교수 신청자를 선발하는데 있어서 후보자는 먼저 민족사회주의 정권과 이 정권이 생각하고 있는 교육정책에 따라서 결정되어야 한다는 것을 절실히 요망하는 글을 쓰고 있다.[26]

또한 파리아스는 하이데거가 공적으로 나치의 활동을 찬양했던 반면에 사적으로는 유대인 출신들이나 혹은 그가 보기에 정치적 입장에 있어서 의심스러운 학생들과 동료들의 경력을 파괴하는 일에 종사했음을 제시한다. 확실한 증거물로는 다음과 같은 사례들을 들 수 있다. 프라이부르크 대학의 화학 교수였고, 종전 후인 1953년에 노벨 화학상을 수상한 헤르만 슈타우딩어(Hermann Staudinger)는 제1차 세계대전 당시 그가 추구했던 '평화주의' 때문에 하이데거에 의해 은밀하게 밀고 된다. 이 정보는 1934년 2월 10일 그 지역 문화장관에게 전달되었고, 그로 인해 슈타우딩어는 교수직 상실과 더불어 퇴직에 직면하게 된다. 몇 주 후에 하이데거는 문화장관에게 관대한 처벌을 요망한다. 이러한 행위는 양심의 가책 또는 갑작스러운 동정에 의해 유발된 것이 아니라 단순히 전략적인 반응이었다. 왜냐하면 하이데거는 매우 저명한 학자를 해고하는 것은 국제적으로 주목받을 수 있다는 것을 두려워했기 때문이다. 하이데거는 문화장관에게 사실상 슈타우딩어가 불이익을 받지 않는 형태, 즉 그를 조용히 은퇴시키도록 종용하는 부탁의 글을 쓰고 있다. 이렇게 함으로써 하이데거에게 중요한 것은 오직 새롭게 일어날 외국과의 난처한 문제만 모면하는 것이었다.

25_ Farias(1989), 224쪽.

26_ Sheehan(1988), 참조.

문화부에서는 슈타우딩어에게 은퇴 신청서에 서명하도록 강요했지만 그 어떤 "새로운 의심도" 나타나지 않아서 슈타우딩어에게 신청서를 회수하도록 문화부가 승인하고, 그를 다시 교수직에 복권시키기 전까지 이 신청서는 6달 동안 서류철에 그대로 처박혀 있었다.[27]

에두아르트 바움가르텐(Eduard Baumgarten)의 경우는 또 다른 실례, 즉 하이데거의 극단적인 기회주의와 격렬한 복수심이 드러난 단적인 사례이다. 바움가르텐은 1920년대에 미국의 위스콘신 대학에서 강의를 했던 미국철학을 공부하는 학생이었다. 그는 하이데거의 지도를 받기 위하여 독일로 되돌아 왔으며, 두 사람은 긴밀한 친교를 맺었다. 그러나 1931년에 하이데거가 미국의 실용주의에 대한 바움가르텐의 저작을 문제 삼은 후에 두 사람 사이에 갑작스런 인간적인 불화가 일어난다. 그러고 나서 바움가르텐은 괴팅겐 대학에서 미국철학을 강의하기 위하여 프라이부르크를 떠난다. 1933년 12월 16일 하이데거는 재차 밀고자의 역할을 자임했으며, 괴팅겐에 있는 민족사회주의 교수들 진영의 수뇌부에 다음과 같은 내용을 담은 편지를 써 보낸다. "바움가르텐 박사는 그의 정신적 성향으로 보아서 막스 베버를 중심으로 한 자유주의적-민주주의적 하이델베르크 지식인 그룹과 긴밀한 관계를 맺고 있으며 바로 그 출신입니다. 이곳 프라이부르크에서 체류하는 동안 그는 민족사회주의자와는 전혀 다른 사람이었습니다. 나는 그가 괴팅겐에서 비전임 교수로 있다는 놀라운 소식을 들었습니다. 왜냐하면 나는 어떤 학문적 능력을 근거로 그가 교수자격논문을 통과했는지를 알 수가 없기 때문입니다. 바움가르텐은 나에게서 실패한 후에 과거 괴팅겐에서 매우 활동적이었으나 지금은 여기서 해고된 유대인 프

27_ Farias(1989), 178쪽 참조.

렌켈(Fränkel)로 바뀌어 있습니다."[28]

편지를 받은 포겔(Vogel) 박사는 그 편지를 '증오에 가득 차 있어 사용할 수 없는' 것으로 평가했으며, 그 편지의 사용을 거부했다. 물론 포겔의 후임자는 그 편지를 베를린에 있는 교육부에 보냈고, 교육부는 바움가르텐을 해고한 뒤 독일을 떠나도록 종용했다. 다행스럽게도 바움가르텐은 한 여비서를 통해 하이데거의 편지 복사본을 전달받게 되었으며, 그로 인해 이 증거물은 오늘날까지 현존해 있다. 물론 이 당시에 하이데거의 독이 든 또 다른 편지들이 얼마나 많이 작성되었는지를 이 글에서 평가하고 판단하는 것은 불가능하다. 바움가르텐은 민족사회주의의 권위에 항소한 이후에야 비로소 자신의 직업을 되찾았으며, 이러한 사실은 1946년 복권청문회 과정에서 폭로되었다.

그리고 또 다른 한 예로 언급할 수 있는 것은 막스 뮐러(Max Müller)와의 관계에서 일어난 그 누구도 예기치 못했던 사건이다. 종전 후 저명한 가톨릭 지식인으로 널리 알려진 뮐러는 1928~1933년 기간 중 하이데거의 가장 우수한 제자 중의 한 사람이었지만 민족사회주의를 반대한 사람이다. 그는 하이데거가 1933년 5월 1일 민족사회주의당에 입당한 이후 하이데거의 강의 수강을 중단한다. 몇 달 뒤에 하이데거는 학생들의 지도자 위치에 있었던 뮐러를 쫓아내기 위하여 총통의 총장이라는 자신의 권위를 유감없이 발휘한다. 그러나 그것으로 사건이 종결된 것이 아니었다. 1938년 하이데거는 더 이상 총장이 아니었음에도 불구하고 뮐러가 프라이부르크에서 강의 위촉을 받는 것을 방해하기 위해 계속해서 자신의 권위를 남용한다. 하이데거는 대학 행정부에 뮐러가 정권에 "부정적인 생각을 가지고 있다"는 편지

28_ Farias(1989), 283쪽.

를 써 보낸다. 실제로 이 문장은 뮐러의 강단 생활의 종지부를 의미했다. 뮐러는 하이데거에게 인간적으로 간청했으며, 하이데거의 추천서에 들어있는 부담스러운 문장을 지워달라고 간곡하게 부탁하기도 했다. 그러나 하이데거는 필라투스의[29] 역할을 기꺼이 수행했으며, "자네도 가톨릭 신자라서 잘 알겠지만 우리는 진실만을 말해야 하지 않겠는가?" 라고[30] '가톨릭주의'를 설파하면서 뮐러를 훈계한 뒤 그의 생존이 걸린 요청을 단호하게 거부한다.[31]

마지막으로 -이미 잘 알려진 바와 같이- 유명한 사례를 든다면, 하이데거와 그의 예전 스승인 에드문트 후설(Edmund Husserl)과의 관계이다. 후설은 '현상학'(Phänomenologie)이라는 철학 학파를 세웠으며, 하이데거의 명성에 필적할만한 국제적 명성을 누렸던 저명한 철학자이다. 그러나 불행히도 후설은 유대인이라는 이유로 나치 인종차별법의 법령을 벗어날 수 없었다. 그로 인해 그는 프라이부르크 대학 도서관 사용마저도 할 수 없게 되었다. 하이데거는 나치의 법령을 추종하는 변신의 과정에서도 단순히 민족사회주의 지도자 총통으로서의 의무만 행했던 것이 아니었다.

사실 이외에도 우리는 하이데거가 자기 자신과 동일시했던 '의무' 내지 '사명'을 열광적으로 수행했다는 것을 추측할 만한 수많은 물적 증거들이 존재한다. 예를 들어 철학자 에른스트 카시러(Ernst Cassirer) 미망인의 증언에 따르면, 하이데거는 인간적으로 반유대주

29_ 팔레스티나 주재 로마 총독, 즉 예수를 재판한 본디오 빌라도(Pontius Pilatus)의 라틴어 이름. 분주하게 이리저리 뛰어다니는 것을 비유할 때 쓰임.

30_ M. Müller, "Martin Heidegger - Ein Philosoph und die Politik, Ein Gespräch mit Bernd Martin und Gottfried Schramm", in: G. Neske und E. Kettering(Hg.), *Antwort - Martin Heidegger im Gespräch*, Tübingen 1988, 206쪽.

31_ 박찬국(2001), 268~269쪽 참조.

의자였다. 종전 후에도 하이데거의 반유대주의가 그대로 남아 있었음을 추측할 수 있는 다른 증거가 최근에 밝혀지기도 했다. 르네 마르뗑(Rainer Marten)이라는 이 증인은 1950년대 말경 하이데거와의 대담을 솔직하게 고백하고 있다. 이 대담에서 저 유명한 철학자 하이데거는 독일 대학의 철학부에서 유대인의 영향력을 복권시키려는 것에 대해 강한 우려를 드러내고 있다.[32]

하이데거의 추종자들과 옹호자들은 -특히 뤼디거 사프란스키(Rüdiger Safranski)와 같은- 후설의 운명에 대한 모든 인간적인 책임으로부터 하이데거를 면제시키려고 노력한다. 그들은 하이데거가 특별히 후설의 대학출입을 통제했던 규정 그 어느 곳에도 서명한 적이 없었다고 강변한다.[33] 그러나 옹호자 그룹 내에만 제한되어 있는 이러한 방어는 나치의 반유대주의적 법령을 수행한 공범자인 하이데거를 결코 면책시켜주지는 못한다. 법령이 지도적인 친구들과 동료들을 파괴하는 결과를 갖게 될 것임을 하이데거는 이미 의식하고 있었다. 하이데거가 1941년 『존재와 시간』 신판에서 그의 후원자였던 '후설에게 바친다는 헌사'를 없애버린 것은 바로 그의 비열한 행위를 가장 극명하게 보여주는 증거이다.[34]

하이데거는 종전 후 1934년 6월 30일 총장직에서 사퇴했다는 사실을 그 스스로 대단한 사건으로 생각한다. 이 날은 히틀러의 충성스러

32_ R. Marten, "Heideggers Geist", in: J. Altwegg(Hg.), *Die Heidegger Kontroverse*, Frankfurt(M.) 1988, 232쪽 참조.

33_ R. Safranski, *Ein Meister aus Deutschland - Martin Heidegger und seine Zeit*, München 1994, 301쪽 참조.

34_ 이에 대해서 박찬국은 "헌사를 그대로 둘 경우 책이 판금될 것이라는 이유로 출판사가 헌사를 생략할 것을 요청"했기 때문에 1941년 5판에서 헌사를 생략했다고 기술하고 있지만 이는 하이데거의 일방적인 주장일 뿐이다. 박찬국(2001), 271쪽.

운 권력에 의해 3일간 계속해서 자행된 저 악명 높은 '대학살'(Nacht der langen Messer)이 있었던 바로 그날이다. 이 학살에서 에른스트 룀(Ernst Röhm)과 100명이 넘는 히틀러의 나치 돌격대원(SA)이 살해된다. 하이데거는 이 날 이후에 결정적으로 민족사회주의와 관계를 단절했다고 주장한다. 그렇지만 이 사건이 일어난 1년 뒤에 『형이상학 입문』에서 하이데거는 공개적으로 민족사회주의의 '내적 진리와 위대함'에 대해 주의를 환기시키고 있다. "오늘날 궁극적으로 민족사회주의 철학으로 여기저기에 거론되지만 그 운동의 내적 진리와 위대함과(즉, 지구상에 규정된 기술과 근대적 인간의 만남과)는 전혀 관계없는 것이 '가치'와 '전체'라는 불투명한 하천에서 물고기 떼처럼 헤엄치고 다닌다."[35]

실제로 하이데거가 민족사회주의의 특정 측면과 거리를 두기 시작했던 것은 사실이다. 파리아스는 하이데거가 1934년 이후에 현존하는 나치당에 대한 하나의 대안으로 민족사회주의의 '관념화된 비전'을 대립시키고 있음을 설득력 있게 논증하고 있다. 파리아스에 따르면 하이데거는 이러한 유토피아적인 민족사회주의를 패배한 룀의 분파와 동일시했다는 것이다. 하이데거와 룀의 관계에 대한 테제는 중요한 논쟁을 불러일으켰지만 아직까지도 만족스럽게 해명되지 않고 있다. 그렇지만 논쟁의 여지가 없는 사실도 있는데, 그것은 바로 하이데거가 '그 운동의 내적 진리'라는 민족사회주의의 형태를 죽는 날까지 확신했다는 사실이다.

그 외에 하이데거의 옹호자들이 간과해서는 안 되는 전기적 사실이

35_ M. Heidegger, *Einführung in die Metaphysik*, Vorlesung von 1935. 재인용은 Farias(1989), 303쪽.

있는데, 그것은 바로 하이데거가 오이겐 피셔(Eugen Fischer)라는 사람과 한평생 친구로 지냈다는 사실이다. 이 피셔라는 사람은 나치 지배 첫 해에 '인종차별법'을 주도한 대표자며, 베를린에 있었던 우생학 연구소의 책임자다. 무엇보다도 이 연구소는 나치의 인종이론을 선전하고 연구한 곳이다. 이 연구소의 연구가들 중의 한 사람은 바로 저 악명 높은 요세프 멩겔레(Joseph Mengele) 박사다. 피셔는 "유럽에 있는 유대인 절멸계획"을 세운 민족사회주의의 정신적인 지주 중의 한 사람이다. 하이데거는 최소한 인사말을 곁들인 크리스마스 선물을 보냈던 1960년까지 바로 이 피셔와 친밀한 관계를 유지한다. 이러한 하이데거와 피셔와의 인간적 관계에 근거해 볼 때, 하이데거는 아주 일찍이 나치의 인종말살 계획을 의식하고 있었다고 생각해도 별 무리는 없어 보인다.[36]

하이데거는 전쟁이 끝난 이후에도 나치에 대한 자신의 지원을 공적으로나 사적으로 결단코 불법 내지는 잘못으로 인정하지 않고 있다. 비록 하이데거가 안전하게 된 이후에도 예전의 친구들, 그 중에서도 카를 야스퍼스(Karl Jaspers)나 헤르베르트 마르쿠제(Herbert Marcuse)로부터 나치 정권에 의해 야기된 수많은 범죄에 반대한다는 입장을 취하라는 독촉을 받았을지언정 결코 반대 입장을 취하지 않았음을 파리아스는 지적하고 있다. 물론 1949년 12월 1일의 한 강연에서 하이데거는 '대학살'에 대해 피상적으로 주의를 환기시키기도 했다. "이제 농업은 기계화된 식품산업입니다. 본질적으로 가스실과 집단학살 수용소에 있는 시체들의 제조와 같은 것이며, 국가의 봉쇄와

36_ R. Wolin, "French Heidegger Wars", in: R. Wolin(Hg.), *The Heidegger Controversy - A Critical Reader*, 1998, 282쪽 참조.

기아상태와 같은 것이고 수소폭탄의 생산과 같은 것입니다."[37] 여기서 하이데거는 기계화된 농업의 문제를 대학살과 동일시하는 동시에 대학살을 축소, 왜곡시킴으로써 나치의 희생자인 유대인에 대한 멸시를 구체적으로 표명하고 있다. 이 테마는 나중에 하이데거 철학을 분석할 때 다시 거론될 것이다.

전쟁이 종결된 후에 하이데거는 우선 나치를 위해서 활동했던 행위에 대해 시종일관 '침묵'으로 일관한다. 그러면서도 하이데거가 공식적인 입장을 표명하려 했던 몇몇 주목할 만한 기회들이 있다. 첫 번째 기회는 하이데거가 자신의 활동 기간을 전반적으로 평가했던, 즉 그가 반(反)나치 위원회에 작성해 보낸 개인적인 소명 자료다. 이것은 3장 '은폐의 역사'에서 보다 자세하게 살펴보게 될 것이다. 종전 후에 하이데거가 전쟁 기간 동안의 자신의 정치적 활동과 관련해서 입장을 표명한 것은 1966년 '슈피겔지와의 대담'이다.[38] 이 대담의 핵심 내용은 기술공학의 문제와 무제한적인 기술공학이 인간에게 뜻하는 위협을 선회하고 있다. 하이데거는 이 대담의 한 논점에서 "요즈음 나의 결정적인 물음은 오늘날의 기술시대 전반이 어떻게 -그리고 어떤- 정치적 체계에 종속될 수 있는가 하는 것입니다. 이러한 물음에 대해서 나는 어떤 답변도 알지 못합니다. 다만 나는 그것이 민주주의라고는 생각하지 않습니다."라는 매우 놀라운 답변을 하고 있다.[39]

37_ Farias(1989), 376쪽.

38_ 이 대담의 내용은 하이데거가 자신이 죽은 뒤에 공개하도록 요청했기 때문에 그가 죽은 1976년에야 비로소 공개되었다.

39_ M. Heidegger, "Nur noch ein Gott kann uns retten - Spiegel - Interview mit Martin Heidegger", Der Spiegel vom 31. Mai 1976, in: G. Meske/E. Kettering(Hg.), *Antwort - Martin Heidegger im Gespräch*, Tübingen 1988, 96쪽.

이 대담에서 하이데거는 기술공학에 대한 비역사적인 자신의 견해를 인간 실존의 절대적인 인과응보로 개진한 후에 민족사회주의가 어떻게 이러한 문제를 해결하고 있는지를 설명하고 있다. "나는 사유의 한계를 도울 수 있는 사유의 과제를 바로 인간 전반이 비로소 기술의 본질과 충분한 관계를 이루는 것에서 봅니다. 민족사회주의는 이 방향으로 나아갔지만 그 사람들은 현실적으로 오늘날 일어나고 있으며 300년 전부터 오고 있는 것과의 명시적 관계를 획득하는 사유에서는 아주 미숙했습니다."[40] 이 점에서 논쟁의 여지가 없는 것은 바로 하이데거가 죽을 때까지 민족사회주의를 올바른 방향으로 갔던 정치적 활동으로 간주하고 있다는 것이다. 이처럼 올바른 방향을 갔던 정치적 활동이 실패했다면 그것은 바로 그의 지도자가 기술공학의 본질을 철저하게 충분히 사고하지 못했기 때문이다.

3. 은폐의 역사 : 신비와 변명

우리는 철학자 하이데거와 나치와의 직접적인 관련을 물적 증거를 통해서 고찰했기 때문에 이제 종전 후에 하이데거의 명성을 새롭게 구축했던 '신비들'과 '변명들'을 살펴 볼 필요가 있다. 하이데거와 그의 추종자들이 진술하고 있는 공식적인 하이데거의 개인사에 대한 환상은 1933년 나치와 하이데거의 애정관계가 젊은 시절의 실수, 즉 정치와 세계적 사안의 문제에 미숙했던 한 젊은 철학자의 짧은 애정행각이었다는 것이다. 그러고 나서 몇 달 만에 이 젊은 철학자는 자신의

40_ G. Meske/E. Kettering(1988), 105쪽.

실수를 알아차렸고, 곧바로 프라이부르크 대학의 총장직을 사퇴했으며, 그 뒤 민족사회주의자들의 활동에 참여하는 것을 거부했다는 것이 계속되는 그 '이야기'의 역사이다. 이외에도 이 역사는 하이데거가 그 시기에 총장으로서 나치의 사악한 범죄행위 앞에서 대학의 불가침을 사수하려 했으며, 민족사회주의의 권위 앞에서도 인간적으로 유대인 출신의 학생들과 동료들을 변호했다는 성담(聖譚)을 의미한다.

하이데거의 추종자들에 따르면, 우리가 이러한 단정적인 진술을 믿지 않는다면 그나마 하이데거에게 제기될 수 있는 유일한 비난은 그가 인간으로서 나약한 성격의 소유자라는 것이다. 그렇지만 하이데거의 인간적 결함은 '그의 업적'으로 평가되어야만 하는 철학의 자율성과 엄격하게 분리될 수 있는가? 필자는 결코 분리될 수 없다고 생각한다. 그러나 이러한 사실은 하이데거 철학 -민족사회주의에 대한 하이데거의 지원과 관련되어 있는 철학-에 대한 모든 구체적인 평가가 그의 추종자들에 의해 금지되고 있음을 의미한다. 이러한 관점에서 나치 지배 이전의 하이데거 철학, 특히 하이데거의 『존재와 시간』은 민족사회주의 이념과는 본질적으로 어떤 밀접한 관계도 없는 것으로 간주된다. 이와 유사하게 하이데거 철학에 있어서 '후기의 방향전환'은 하이데거 사상의 근원적인 표현의 문제가 '정치'와는 아무런 상관이 없다는 해석방식도 있다. 이러한 사실은 하이데거의 결함을 제한시키려는 다각도에서 시도된 노력일 뿐이다. 하이데거의 추종자들이 성을 사수하려고 투쟁하면서 성벽의 돌파구를 방어할 수 있는 요새로 삼고 있는 것은 바로 '은폐'이다. 그렇지만 이 요새의 전면, 즉 젊은 시절 하이데거의 경솔함의 역사를 분쇄할 수 있는 미미한 희망은 남아있다. 물론 총장으로서의 하이데거의 행위들은 나치에 대한 '저항'이었다고 항변하는 내부집단이 여전히 버티고 있긴 하지만 말이다. 비록 이러한 방어선이 무너지면서 추종자들이 인간으로서의 하이데거의 결함을 시인한다고 하더라도 여전히 최후의 방어선, 즉 소위 하이데거 철학의 '자율성'이 버티고 있다. 실제로 하이데거는 자기방어를 위해 지식인들에게 지속적으로 자신의 영향력을 투입하고 전진 배치시킴으로써 -그 중에는 결점이 없는 반파시스트주의자들이 쓴 수많은 감정서들을 포함해서- 1980년대 중반까지는 자신의 명성을 상대적으로 온전하게 유지할 수 있었다.

이 지점에서 우리는 후세대의 판단에서 하이데거 자신의 노력에 이르기까지 하이데거의 명성을 구제하려는 캠페인이 언제 시작되었는지를 재차 추적해 볼 필요가 있다. 정치적으로 본다면, 철학자로서의 하이데거에 대한 성담의 윤곽은 하이데거 자신이 1945년 반나치 위원회에 제출했던 자전적 에세이에서 이미 묘사되고 있다. "나는 1933년 4월에 대학의 총회의실에서 만장일치로 (두 사람의 기권) 총장으로 선출되었으며 소문에 의한 것처럼 민족사회주의의 장관에 의해 선출되지 않았습니다. 이것은 내가 이 선거에서 후보자가 될 것을 동의하고 그 결과를 수행할 것을 동의한다고 설명하라는 나의 동료집단의 압력의 결과였습니다. 우선 나는 대학의 공무를 위해 노력했던 것도 아니고 관리했던 것도 아닙니다. 나는 어떤 정치적 당에도 소속되지 않았습니다. 나는 인간적으로든 직업적으로든 민족사회주의당 또는 정부당국과는 어떠한 관계도 맺지 않았습니다. 나는 총장직을 마지못해 받아들였으며 오직 대학에만 관심을 기울였습니다."[41]

41_ M. Heidegger, "Brief an den Rektor der Universität Freiburg vom 4. the Nazi Party - An Examination", Northern Illinois University 1972.

하이데거는 자신에 대한 마지못한 총장 임명 모습을 자세하게 묘사한 다음에, 그 결과 민족사회주의당의 당원이었던 자신이 대학과 당국과의 제반 관계를 원활하게 하기 위해 나중에 어떻게 입당하게 되었는지를 계속해서 기술하고 있다. "나는 짧게 총장을 수임한 뒤에 대학의 관심사에 관계했던 두 간부와 동행하면서 지역의장을 소개받았고 장관의 희망에 부응해서 당에 입당하라는 압력을 받았습니다. 장관은 특히 내가 지금까지 정부기관과 전혀 관계를 맺지 않았기 때문에 입당이라는 방법으로 당과 정부기관과 나의 공식적인 관계가 간소화될 수 있을 것이라고 강요했습니다. 오랜 심사숙고 끝에 나는 대학에 대한 관심 때문에 당에 입당할 준비가 되었음을 설명했습니다. 물론 나는 당 또는 업무와 관계된 모든 직책을 당을 위해서 하지는 않을 것이라는 분명한 조건을 달았습니다. 이것은 총장직무 수행기간 동안에도 그랬고 총장직 사퇴 이후에도 그랬습니다."[42]

하이데거는 1934년 총장직을 사퇴한 후에 민족사회주의에 저항하는 자신의 입장에 대한 증거를 마침내 제시한다. "나는 총장직을 사퇴한 후에 내가 계속해서 가르칠 수 있게 되더라도 민족사회주의 세계관의 원리에 반대하는 나의 입장은 증가하게 될 것임을 분명히 했습니다. (…) 민족사회주의의 이데올로기는 점점 더 유연하지 못하게 되었으며 순수한 철학적 해석에 항상 호의적이지 못했기 때문에[43] 내가 철학자로서 활동했던 사실은 그 자체 충분한 저항의 입장표명입니다

42_ Heidegger(1972), 64쪽. 여기서 덧붙일 수 있는 것은 하이데거가 당원자격을 매년 -1945년까지- 갱신했다는 점이다. 말하자면 총장으로서의 의무가 끝난 뒤에도 오랫동안 갱신했다는 것이다.

43_ 이 문맥에서 하이데거는 '순수한 철학적 해석'이라는 문구로 왜 그가 1934년 자신의 형이상학적 영광을 잃게 했던 민족사회주의에 불행하게도 처음부터 끌려 다녔는지를 읽는 사람들이 느끼게 하려고 했다.

(…). 나는 그들의 회의에 참석하지도 않았고 그들의 표장을 착용하지 않음으로써 당에 대한 나의 입장표명을 공식적으로 보여주었습니다. 1934년부터 나는 나의 강좌와 강의를 소위 독일식 경례(하일 히틀러)로 시작하는 것을 거부했습니다. (…) 이러한 사실은 과거 11년 동안 나의 정신적 저항에서 아름답지 못한 것이었습니다."[44] 하이데거는 고의가 아니었으며 짧은 시기동안 '철학적' 민족사회주의 형태로 바뀌지 않았던 -후에 '정신적 저항'의 형식으로 탈바꿈했던- 사람이라는 인상을 줌으로써 자신의 철학적 입장에 튼튼한 성벽을 구축하려고 시도한다. 하이데거가 1933년을 전후로 행한 자신의 가장 중요한 활동부분에 적용했었던 방법은 침묵, 변명, 반쪽 진실 그리고 능수능란한 거짓말이었다.

하이데거의 철학에서 '침묵'이라는 범주는 단순한 언어의 부재를 의미하는 것이 아니라 그 자체 세계-내-존재의 적극적인 형태를 의미한다. 마찬가지로 '침묵'은 하이데거가 민족사회주의 시기에 행했던 그 자신에 대한 모든 증거물을 적극적으로 은폐하고 있음을 의미한다. 사실 하이데거의 편지들과 다른 인간적인 자료의 주요부분은 수십 년이 지나도록 학자들에게 알려지지 않고 있다. 이러한 자료들은 하이데거의 가족과 교감하고 있는 일부 학자들에 의해서 자물쇠가 채워져 안전하게 보관되어 있다. 이외에도 전쟁 이후 시기의 대학공동체는 민족사회주의에 대한 하이데거의 지원과 관련해서 직접적으로 그 어떤 것도 출판할 생각이 전혀 없었다. 종전 초반에 학자로서는 처음으로 이 영역에 대한 연구를 시도했던 귀도 슈네베르거(Guido Schneeberger)는 자신의 책을 출판해 줄 사람을 어디에서도 찾아볼

44_ Heidegger(1972), 64쪽 이하.

수 없었음을 직접 경험한 뒤 자신의 연구결과를 스스로 1962년에 출판한다.

하이데거는 자신의 역사를 완전히 위조하는 것에 전혀 개의치 않았다. 이에 관한 훌륭하게 자료화된 실례로는 1935년에 출판된 『형이상학 입문』 신판이다. 이 신판은 저 악명 높은 표현인 민족사회주의의 '내적 진리'를 그대로 포함하고 있다. "오늘날 궁극적으로 민족사회주의의 철학으로 여기저기에 제공되지만 그 운동의 내적 진리와 위대함과(즉, 지구상에 규정된 기술과 근대적 인간의 만남과)는 전혀 관련이 없는 것이 '가치'와 '전체'라는 불투명한 하천에서 물고기 떼처럼 헤엄치고 다닌다."[45] 이 부분의 출판은 독일에서 별로 반향을 일으키지 못한다. 유일하게 문제시되었던 것은 왜 하이데거가 신판 발행에서 이 부분을 공개하려고 결심했던가 하는 점이다. 그는 텍스트를 변경하는 것이 쉽게 될 수 없는 것이기도 하지만 이 문장이 역사적으로는 강의에 속했던 것이기 때문에 텍스트의 변경을 원하지 않는다고 답변한다.[46]

그렇지만 우리는 그 사이 하이데거가 1935년 텍스트의 신판을 준비했을 때 그 판을 변경하려 했음을 알고 있다. 한편 원본에서는 '운동의 내적 진리와 위대함' 대신에 오히려 일반적으로 '민족사회주의의 내적 진리와 위대함'에 대해 말하고 있다. 인쇄용 제작 편집 작업을 도왔던 조교가 주해를 단 주석이 없는 이 문장을 알아차리고 하이데거에게 그 문장을 삭제하라고 조언하지만 하이데거는 그렇게 하지 않을 것이라고 대답한다. 그럼에도 불구하고 몇 주 후에 하이데거는 텍스트

45_ M. Heidegger, *Einführung in die Metaphysik*. Vorlesung von 1935. 재인용은 Farias(1989), 303쪽.

46_ Sheehan(1988), 참조.

를 조교에게 말하지 않은 채 변경시킨다. 하이데거는 '민족사회주의'에 대한 노골적인 비난을 제거하고, '그 운동'이라는 일반적인 표현으로 개념을 대체한다. 그는 괄호 속에다 기술공학에 대한 설명도 덧붙인다. 하이데거는 죽을 때까지 자기 강의의 텍스트 서술을 결코 변경시키지 않는다. 그는 이 사실을 1966년 슈피겔지와의 대담에서도 반복한다. 이러한 문제에 대한 논쟁을 이후에 최종적으로 조정하려는 시도에서는 1935년 원본 원고를 조정하려는 시도가 있었으며 논란의 여지가 있는 문장의 쪽은 누락된다.[47]

이처럼 자료들의 은폐, 변명 그리고 위조와 같은 방법은 거대한 집단을 이루고 있는 하이데거의 추종자와 옹호자에 의해 사용된다. 무엇보다도 그들은 획기적인 파리아스의 책이 나오기 전까지만 하더라도 '하이데거의 이념'과 그의 '정치적 견해'를 관련시키는 것을 방해하는데 성공적이었다. 이러한 기도에서의 반전 국면은 해체 이론가 뽈 드 만(Paul De Man)에 의해 이루어진다. 드 만은 1960년대 하이데거가 미국 지식인 집단과 관계를 맺도록 하는데 많은 기여를 했던 인물이다. 드 만이 특별히 깨끗한 손을 갖고 있지 않았음은 그의 사후인 1980년대 후반에 알려진다. 그는 제2차 세계대전 동안 점령지 벨기에에서 나치의 협력자로 활동한 인물이다. 그는 민족사회주의자들에 의해 재정적으로 지원된 문학잡지에서 협력자 자격으로 몇몇 반유대주의적 글을 썼던 사람이다. 전쟁 당시 드 만의 행위에 대한 에세이가 출판된 이후에 드 만의 전시 행위와 전후 그의 해체 이념간의 관계에 대한 활발한 논쟁이 일어난다.[48]

47_ Sheehan(1988), 참조.

48_ D. Donoghue, "The Strange Case of Paul De Man", in: *New York Review of Books* vom 29. Juni 1989 참조.

그리고 또 한사람의 하이데거 옹호자는 프랑스 출신의 번역인 장 보프레(Jean Beaufret)이다. 전쟁 중에 레지스탕스로 활약한 보프레는 1982년 사망하기 전에 자신과 하이데거와의 서신 왕래를 수권의 책으로 출판했으며, 프랑스에서 35년이 넘도록 변함없는 하이데거 옹호자다. 그가 프랑스에서 나치에 저항한 레지스탕스였다는 사실은 과거의 나치를 방어하는데 중요한 자격이 된다. 물론 보프레도 결코 흠잡을 데가 없는 사람은 아니다. 그 역시 일정기간 저 악명 높은 대학살을 부인하는 로버트 포리슨(Robert Faurisson)의 은밀한 동조자다. 보프레는 포리슨처럼 대학살의 실존을 부정하며, 특히 가스실의 실존을 부인한다. 포리슨에게 보낸 한 편지에서 보프레는 "나로서는 대체로 당신과 같은 길을 갔다고 생각하며 의심스러운 것처럼 생각됩니다. 왜냐하면 나도 (가스실의 실존과 관련해서) 동일한 의심을 표현했기 때문입니다. 나는 이러한 사실을 말하게 된 것을 다행스럽게 생각합니다."라고 쓰고 있다.[49] 포리슨에 대한 보프레의 신뢰는 보프레 자신의 편지들을 1980년대에 출판할 때까지 전혀 문제시되지 않았다.

하이데거는 바로 그들의 홍보 캠페인 틀 내에 존재하고 있었다. 하이데거의 추종자들은, 특히 나치 치하에 시달렸던 독일 유대인 철학자들의 증명을 동원하고 싶었으며, 이 목적을 위해 추종자들은 유명한 여류 철학자이자 망명자인 한나 아렌트(Hannah Arendt)에게 존경하는 하이데거의 80세 생일을 맞이하여 그의 선집을 위해 에세이를 써달라고 부탁한다. 「마틴 하이데거는 80세이다」라는 아렌트의 에세이는 하이데거의 정치활동에 대해 숨겨진 비꼼을 함축하고 있다. "이제 하이데거도 일찍이 자신의 '주거지'를 바꾸고 인간문제의 세계에 '끼

49_ Wolin(1998), 282쪽.

어드는' 시도를 하고 있다는 것을 우리 모두는 알고 있다 - 우리가 그 당시에 그렇게 말했던 바와 같이. 세계와 관련해서 본다면 세계가 그에게는 여전히 플라톤보다는 상당히 효과가 없었다. 왜냐하면 전제군주와 그의 희생자는 바다 저편에 있는 것이 아니라 이 땅에 있기 때문이다.[50] 그러나 내가 생각하기에 하이데거는 달랐다. 그는 35년 전 흥분했던 짧은 10달 이후 상속된 주거지를 소생시켰던 소용돌이의 충격에서 배우고 그 경험을 자기사유 속에 정착시키기에 너무 일렀다. 우리의 주거지가 세계 한가운데에 있는데도 불구하고 우리의 사상가에게 경의를 표하려는 우리는 플라톤과 하이데거가 인간의 문제와 관련했을 때 전제군주와 지도자에게 호소했었다는 것이 눈에 띄는 것이며, 이것은 아마도 언짢은 것임을 피할 수 없다. 이러한 사실은 그때마다 시대상황에 앞서 형성된 성격에 책임이 있었던 것일 뿐만 아니라 더 그럴싸하게는 프랑스인들이 특수한 기형화(deformation professionelle)라고 부르는 것에 책임이 있었던 것이다. 왜냐하면 전제 군주적 성향은 이론적으로 거의 모든 위대한 사상가들에서 증명될 수 있기 때문이다. (칸트는 중요한 예외이다). 비록 이러한 성향이 플라톤과 하이데거가 행했던 바에서 증명될 수 없는 것이라고 하더라도 그들에게는 '평범한 것을 놀라게 하는 능력' 이외에 이러한 '놀라움을 그들의 주거지로 받아들일' 만반의 준비가 되어있었던 것이다."[51]

그러나 아렌트를 자신의 증인으로 내세움으로써 하이데거의 치명

50_ 이 문장은 시라쿠스에서 체류한 플라톤을 꼬집고 있다. 플라톤은 시라쿠스의 전제군주 디오니소스를 조언할 수 있다고 생각했다. 플라톤은 비교적 짧게 지배자 디오니소스를 약간의 지혜를 가진 사람으로 완화시키려고 노력한 후에 아테네로 되돌아 왔으며 자기의 이론을 실천으로 전회시키는 시도가 실패했음을 미루어 짐작했다.

51_ H. Arendt, "Martin Heidegger ist achtzig Jahre alt", in: G. Neske/E. Kettering(Hg.), *Antwort - Martin Heidegger im Gespräch*, Tübingen 1988, 243쪽 이하.

적인 잘못은 그가 생존했던 상황에서 일어났던 것도 아니었고 그의 성격 때문에 일어났던 것도 아니었던 것이 되었다. 하이데거가 나치였던 사실은 "자신의 '주거지'를 바꾸고 인간 문제의 세계에 '끼어드는' (…) 시도"였다고 완곡하게 표현하고 있는 아렌트 덕분에 결국 한 철학자의 직업상의 위험으로 간주될 수 있었던 것이다. 이러한 방식으로 다른 철학자들이 하이데거를 따르지 못한 것은 그들이 하이데거만큼 사유를 진지하게 받아들이지 못했기 때문이다. 다른 철학자들은 이미 '이러한 놀라움을 그들의 주거지로 받아들일 수'가 없었던 것이다.

아렌트의 텍스트에서 주목할 만한 것은 바로 그 텍스트가 보여주고 있는 철저한 뻔뻔스러움이다. 그녀는 하이데거를 그 자신의 위대한 사상의 제물이 된 희생자로 만들고 있다. 만일 아렌트가 "그에게는 여전히 플라톤보다는 상당히 효과가 없었다."고 말한다면 그 결과 그녀는 하이데거가 지배하지 못했던 힘에 의해서 자기 자신의 행위에 어떠한 책임을 갖지 않아도 된다는 것을 함축하고 있다. 마치 아렌트는 자신의 견해가 사리에 어긋난 언행임을 인식했는지 어쨌는지 논증을 텍스트에서 끄집어내 긴 주석을 달고 있다. 이 주석에서 그녀는 플라톤을 원대하게 성찰함으로써 하이데거를 사건의 주변 환경에 있는 구체적인 사안으로 끌어내린다. 그녀는 하이데거의 '근원적인 무죄'와 '정치적 단순성'을 테마로 삼고 있으며, 하이데거가 동시대의 수많은 다른 독일 지식인들처럼 히틀러의 『나의 투쟁』을 읽지 못한 것을 유감스럽게 생각하고 있다.

그러나 유감스럽게도 하이데거는 히틀러의 『나의 투쟁』을 읽었을 뿐만 아니라 또한 인정하고 있었다고 가정할 수 있는 아주 적절한 근거가 있다. 톰 록모어(Tom Rockmore)는 프라이부르크 대학 총장 취임 연설에서 하이데거가 "투쟁에 대해 수많은 암시를 함으로써 히틀러가 『나의 투쟁』에서 독일 국민의 운명을 실현하는 투쟁으로 표명한 저 악명 높은 입장을 명확하게 암시하려는 것"이었음을 설득력 있게 논증하고 있다.[52]

아렌트는 계속되는 주석에서 하이데거에 의해 창조된 성담(聖譚)을 그의 '오류'에 대한 보상행위로 꾸밈으로써 하이데거 비판가들과 대립하는 상황을 연출한다. "하이데거는 이후에 그를 판결했던 많은 것들보다 더 신속하고 완벽하게 자기 자신의 '오류'를 수정했다 - 하이데거는 그 시대에 독일에서 작품 인생이나 대학 인생에서 관례적이었던 것보다 현저하게 보다 더 큰 위험에 처해 있었다."[53] 1971년 당시 아렌트는 그녀가 이러한 수치스러운 감정서에서 이야기하고 있는 동화보다는 더 많은 것을 의식했거나 아니면 더 많은 것을 알고 있어야 했다. 예를 들어 그녀는 '민족사회주의의 내적 진리'에 대한 하이데거의 1953년 신판을 분명히 의식하고 있었다. 또한 그녀는 야스퍼스와의 친교를 통해서 하이데거가 야스퍼스와 그의 유대인 부인에 대해 갑자기 드러냈던 비열한 태도를 이미 알고 있었다.[54]

하이데거가 처했던 '현저하게 보다 큰 위험'에 대한 지적은 민족사회주의에 반대하는 하이데거의 '정신적 저항'과 같이 전쟁 이후 하이데거에 의해 날조된 것의 반복일 뿐이다. 그러나 파시즘에 대한 저 유명한 자유주의적 반대자였던 그녀가 왜 하이데거의 명성을 회복시키는 일에 그토록 열의를 다 바쳤던가? 다만 우리는 아마도 그녀가 옛

52_ T. Rockmore, *On Heidegger's Nazism and Philosophy*, Berkley 1992, 6쪽.

53_ G. Neske/E. Kettering(Hg.)(1988), 243쪽 이하.

54_ 하이데거는 총장이 된 뒤 야스퍼스와 그의 부인과의 모든 인간적인 관계를 단절했다. 종전 후에야 비로소 하이데거는 그들의 인간적인 관계를 회복시키려고 했었다. 정기적인 서신교환에도 불구하고 두 철학자는 민족사회주의에 대한 지원을 부인하는 하이데거 때문에 인간적인 관계를 더 이상 개선시킬 수가 없었다.

은사에 대한 기본적인 충성, 즉 나치와 나치 시대동안 망명으로 박해를 받았지만 여전히 은사에 대해 가졌던 충성심을 발휘한 것이었다고 추측할 수 있을 뿐이다. 하이데거에 대한 아렌트의 이와 같은 기이한 변호를 아주 관대하게 해석한다면 그것은 그녀가 '참을 수 없는 진리'를 저버렸다는 것이다.

파리아스의 책은 프랑스에 있는 하이데거 추종자들을 흥분시키기에 충분했다. 1987년 10월에 『하이데거와 민족사회주의』라는 파리아스의 책이 출판된 후 9개월 동안 하이데거와 그의 나치 지원에 대해 6개의 연구물이 출판되었는데, 이것은 놀라운 일이 아니다. 실제로 제2차 세계대전기간 동안 하이데거의 영향력이 아주 깊게 뿌리를 내렸던 곳은 프랑스이다. 프랑스에서의 하이데거의 영향력은 전쟁 초반 사르트르의 실존에서 레비나스, 푸코 및 데리다와 관련된 구조주의, 후기구조주의 그리고 해체주의라는 최신 사조에 이르기까지 길게 뻗쳐 있다. 탈 현대주의자 료타르와 보드리야르도 하이데거와 민족사회주의 관계에 대해 자신들의 입장을 표명했다.

요약해서 말한다면, 파리아스의 책에 대한 반응은 크게 세 그룹으로 구분할 수 있다. 첫째, 하이데거의 정통적 학설을 신봉하는 성배 수호자들의 무조건적 옹호이다. 이 그룹은 프랜시스 패디어(Francois Fedier)에 의해서 대표된다. 그는 자신의 스승인 보프레의 사망 이후 프랑스에서 하이데거의 지속적인 옹호자로 남아 있다. 패디어는 하이데거가 이전에 민족사회주의와 친밀했다는 것을 계속해서 부인하고 있으며, 프라이부르크 대학 총장 시절의 하이데거를 그 자신의 사유와는 관련이 없는 젊은 시절의 애정행각으로 슬쩍 넘겨버린다. 파리아스의 책에 수록된 방대한 물적 자료와 그 이후의 다른 출판물들과 비교해 보더라도 패디어의 반응은 하이데거를 숭배하는 가장 열렬한 옹호자라는 것 외에 아무런 신빙성이 없어 보인다.

둘째, 데리다와 그의 추종자에 의해 대표되고 있으며, 일반적으로 하이데거가 나치였다는 정도에서 하이데거 철학이 문제가 있음을 인정한다. 데리다는 민족사회주의에 대한 하이데거의 철없는 애정행각의 최종근거는 그가 1933년 당시 사유에 있어서 여전히 전(前)하이데거적 방식, 특히 합리주의와 인본주의에서 충분히 벗어나지 못하고 있음을 주장함으로써 파리아스의 논증을 반박한다. 다소 무리한 데리다의 논증에 따르면, 하이데거 철학은 1935년 이후 '전회'의 결과로 이전의 '형이상학'에서 벗어남으로써 반(反)파시즘의 최고형태가 되고 있다는 것이다.

이러한 변태적인 견해에 부합해서 데리다의 제자들 중의 한 사람인 라꾸-라바르트(Lacoue-Labarthe)는 '민족사회주의는 인본주의'라고 결론짓고 있다. 이렇게 표현함으로써 라꾸-라바르트는 인본주의의 계몽적 전통이 구축했던 철학적 근거는 모든 것을 포괄하는 보편적 전체주의에 봉사함으로써 인간을 지배하기에 이르렀다고 본다. 이러한 사유는 데리다, 라꾸-라바르트 그리고 그들을 따르는 추종자들이 공유하는 재산이다. 최근에 민족사회주의는 계몽적 보편주의의 다른 표현일 뿐이라는 생각을 대표하는 사람은 미국인 앨런 밀히먼(Alan Milchman)과 앨런 로젠버그(Alan Rosenberg)이다. 그들의 주장에 따르면 "이러한 충분한 이성원리, 즉 계산적 사유의 근거는 그 원리의 전체주의적이고 제국주의적인 형식으로 볼 때 대학살을 가능하게 했던 형이상학적 기반을 구축한 것으로 볼 수 있다"는 것이다.[55]

55_ A. Milchman/A. Rosenberg, *Heidegger, Planetary Technics and the Holocaust*, 1996, 222쪽.

이러한 전제에 의해서 라꾸-라바르트는 하이데거를 위한 아주 세련된 성벽을 구축한다. 그는 정통 하이데거주의자들과는 달리 하이데거의 사상과 민족사회주의를 위한 그의 지원은 일치한다고 주장한다. 그런데도 라꾸-라바르트는 하이데거가 1935년 이후에 형이상학과 인본주의를 극복했으며, 모든 민족사회주의적 오점에서 벗어났다고 주장함으로써 하이데거를 구제하려고 한다. 이러한 변덕스러운 논증의 결과는 하이데거의 두 번째 출발이 파시스트적인 특징에서 벗어난다는 것이다. 그 결과 다른 해체주의자들도 하이데거의 작품 덕분에 '대학살을 생각'할 수 있다는 결론에 이른다.

다른 한편 해체주의자들의 편찬사에서 하이데거의 고소인들은 '전체주의 추종자'로 간주된다. 이미 아렌트에서 본 바와 같이, 하이데거는 편협하고 시기심 많은 적대자들의 희생자로 묘사되었다. 독일에서는 하이데거 저서들에 대한 다년간의 해석자인 한스 게오르그 가다머(Hans-Georg Gadamer)가 프랑스의 논쟁에 끼어든다. 가다머는 아렌트의 「마틴 하이데거는 80세이다」라는 에세이에 대해 주목할 만한 반응을 보인다. 그는 플라톤이 시라쿠스의 왕자들을 가르치려는 시도를 그만두었던 것은 선의에서 우러난 것이긴 하지만 분별없는 사상가의 모습이라고 주장한다.[56]

데리다와 라꾸-라바르트에 의해서 수행된 철학적 반(反)계몽주의와는 반대로 프랑스에서 이루어진 논의에서는 하이데거와 파시즘의 평생의 관계를 묘사하는 문제를 분명하게 인정한 몇 가지 주장들이 제기된다. 그 주장들에서 가장 잘 알려진 사람은 파리아스의 책이

56_ H. -G. Gadamer, "Zurück von Syrakus?", in: J. Altwegg(Hg.), *Die Heidegger Kontroverse*, Frankfurt(M.) 1988, 176~179쪽 참조.

출판되기 전에 하이데거에 대해 방대한 연구를 했던 피에르 부르디외(Pierre Bourdieu)이다. 이 책은 파리아스의 책을 통해 논쟁이 유발된 후에 프랑스어로 수정 보완되어 새판으로 출판된다. 『마틴 하이데거의 정치적 존재론』이라는 이 책은 하이데거 철학을 하이데거로부터 나왔던 역사적 문맥 속에서 제기한다. 동시에 부르디외는 하이데거의 사상을 단순히 그의 역사적이고 사회적인 지위를 반영하는 것으로만 단순화시키는 것을 피한다. 부르디외는 하이데거 철학과 하이데거의 정치적 견해 간의 내적인 관계를 증명하기 위하여 하이데거 저작의 원문을 정밀하게 분석한다. 부르디외의 원문 분석은 데리다와 다른 해체주의자들에게서 특징적인 원문묘사인 '내재적' 해석유형과는 분명하게 구별된다. 데리다와 다른 해체주의자들에게 있어서 원문은 그 원문이 생산했던 정황들과는 인위적으로 분리되어 있다.

셋째, 아마도 최근에 가장 주목할 만한 것이며, 가장 적극적인 하이데거 옹호는 프랑스가 아니라 독일에서 일어난다. 역사학자이면서 하이데거 가족과는 일평생 친구인 에른스트 놀테(Ernst Nolte)는 1992년 마틴 하이데거의 전기를 출판한다. 이 책이 출판되기 전부터 놀테는 대학살과 관련해서 이미 수정주의 역사학자로서 그리고 민족사회주의 옹호자로서 악명이 높은 사람이다. 그런데도 우리는 놀테의 옹호가 소수의 프랑스 출신의 하이데거 옹호자보다는 차라리 본질적으로 확고하며 지적으로 정직하다고 인정할 수도 있을 것이다. 놀테가 볼 때, 민족사회주의에 대한 하이데거의 애정은 아무런 문제가 없다. 그는 하이데거 철학과 하이데거의 민족사회주의에 대한 지원 간의 내적인 관계를 주장할 뿐만 아니라 민족사회주의 역시 러시아 혁명에 의한 내·외적 위협에 대한 필연적인 반작용이었다고 변호한다. 놀테가 볼 때, 민족사회주의는 볼셰비즘에 대한 필연적인 반작용이었으며, 하이데거는 민족사회주의에 대한 자신의 애정을 통해서 오직 역사적 필연성의 '부름'에 응했을 뿐이다. 거기다 더 나아가서 놀테는 세계 유대인들의 민족사회주의 정권에 대한 적대감에 의해서 필연적으로 이루어졌던 대학살을 방어조치라고 정당화하기까지 한다. 대학살에 대한 놀테의 변호는 다음과 같은 수사학적 물음에 있다: "필시 민족사회주의자들, 즉 히틀러는 그들을(유대인들) '아시아적' 행위의 잠재적인 또는 현실적인 희생자로 간주했기 때문에 '아시아적' 행위를 실행했던 것인가? '군도 제도'(Archipel Gulag)는 아우슈비츠보다 더 근원적이었던 것은 아닌가?"[57]

앞서의 하이데거 옹호자들과 놀테의 노력 사이에는 대칭관계가 있다. 근원적인 옹호자는 하이데거의 정치적 연루를 가능한 한 최소화하고 하이데거의 정치적 입장과 하이데거 철학 사이에 경계선을 지우려고 한 반면에, 놀테는 그러한 논증을 정반대로 뒤바꿔 놓는다. 놀테의 견해에 따르면, 하이데거는 처음부터 정치적으로 민족사회주의에 참여했던 사상가일 뿐만 아니라 또한 올바른 선택을 했던 사람이다. "하이데거가 '거대한 해결책'(공산주의)에 저항했던 한, 그는 -수많은 다른 사람들처럼- 역사적 권리를 가지고 있었다. (…) 하이데거는 '작은 해결'(민족사회주의)에 참여했던 것에 의해 아마도 '파시스트'가 되었지만 그 때문에 결코 처음부터 역사적 불법에 빠져들었던 것은 아니다."[58]

57_ E. Nolte, "Vergangenheit, die nicht vergehen will", in: *FAZ* vom 6. Juni 1986. 재인용은 E. Nolte, *Das Vergehen in der Vergangenheit - Antwort an meine Kritiker im Historikerstreit*, Frankfurt(M.) 1987, 177쪽.

58_ E. Nolte, *Martin Heidegger - Politik und Geschichte im Leben und Denken*, Berlin 1992, 296쪽.

이 부분에서 놀테는 하이데거가 짧은 기간 동안 자신이 이해하지도 못했던 정치적 문제에 휩쓸렸던 세상물정에 어두운 사상가였다는 이야기로 되돌아간다. 아렌트에 의해 묘사되어 그처럼 유포된 모습은 놀테에 의해서 정반대로 뒤바뀌진다. 아마도 여기서 놀테는 유대인 여성의 최종결정을 허용하고 싶지 않았을지도 모른다. 놀테는 히틀러에 대한 하이데거의 지원을 다음과 같이 서술하고 있다. "그러나 철학영역에서 시국영역에로의 짧은 기간 '여행'이 문제였던 것이 아니라 그러한 참여에는 '철학적' 희망이 기초하고 있었음을 간과해서는 안 된다. (…) 따라서 하이데거의 삶과 하이데거의 사유에 있어서 정치와 역사의 관계는 단순한 에피소드가 아니라 본질적인 것이다."[59] 달리 표현한다면, 하이데거의 사상과 하이데거의 행위는 그 성격이 같은 것이다. 하이데거는 단순한 나치가 아니라 "정상적인 나치"였던 것이다.[60]

마지막으로 가장 최근에 뤼디거 사프란스키가 쓴 하이데거의 전기 『독일에서 온 대가 - 하이데거와 그의 시대』가 있다.[61] 이 책은 민족사회주의와 하이데거의 친밀한 관계를 열광적으로 지지하는 놀테의 책과는 달리 하이데거에 대한 정통적인 변호에서 일단은 잠시 후퇴한다. 또 다시 인간 하이데거와 철학자 하이데거 사이에서 정신 분열적인 구별이 일어난다. 사프란스키는 하이데거와 민족사회주의와의 관계에 대해 이미 잘 알려진 자료들을 주도면밀하게 제시하고 있다. 이러한 사실들을 부인하는 것은 더 이상 있을 수 없는 것이다. 그러면서 동시에 그는 핵심적인 부분에서 하이데거의 이념을 긍정적으로 해석하

59_ Nolte(1992), 277쪽.

60_ Th. Sheehan, "A Normal Nazi", in: New York Review of Books vom 14. Januar 1993 참조.

61_ Safranski(1994).

려고 한다.

사프란스키는 라꾸-라바르트와 다른 해체주의자들의 해석은 피하고 있지만 자기연구의 대상에 대한 본질적인 판단능력은 부족해 보인다. 그렇지만 이러한 불충분함, 즉 현대의 전기 작가와 그 시대의 역사서술의 일반적인 상표는 오늘날의 불투명한 문화적 맥락에서 큰 장점으로 간주된다. 이러한 장점을 위한 상투어로는 '선입관에 사로잡히지 않음'과 '균형 잡힌'이라는 용어들이다. 상세하게 나열된 자료들에도 불구하고 제대로 이해가 되지 않는다는 점에서 이 책은 그 나름대로 '은폐'에 기여하고 있다. 결국 사프란스키의 입장은 '아우슈비츠를 생각할 수 있도록' 하이데거가 했다는 것을 칭찬하는 것으로 나타난다. "만일 살인에 대한 잠재적 공범자로서의 하이데거가 자기 자신을 변명하려는 무리한 요구를 거절했다손 치더라도 그것은 그가 '아우슈비츠를 생각할 수 있도록' 하는 도전을 거부했다는 것을 의미하지는 않는다. 만일 하이데거가 자연과 인간을 인간에 의해 만들어진 음모의 단순한 물질이 되도록 하는 힘을 근대적 의지의 도착이라고 하더라도 그에게 아우슈비츠는 언제나 분명하건 불분명하건 간에 함께 생각된다. 하이데거에 있어서 -아도르노에서도 마찬가지로- 아우슈비츠는 현대의 전형적인 범죄이다."[62] 사프란스키의 이 책은 수많은 자료들을 목록으로 삼고 있는데도 불구하고 오직 하이데거를 민족사회주의에서 끌어내는 계속되는 변명서일 뿐이다. 그런데도 이 책에 대한 비평

62_ Safranski(1994), 484쪽. 여기서 사프란스키는 하이데거와 아도르노를 평행선상에 두고 있다. 그렇지만 아도르노는 하이데거를 아주 경멸했던 사람이며, 하이데거 스스로 심원한 견해라고 사칭한 것을 철학적 야바위 짓(Scharlatanerie)으로 간주했던 철학자이다. 그는 하이데거 철학을 하이데거 '자기 자신의 은어'라고 경멸하는 것 이외에는 하이데거에게 아무런 흥미도 갖지 않았던 사람이다.

은 대부분 긍정적이다.

이에 대한 모범적인 실례는 리차드 로티(Richard Rorty)이다. "하이데거는 그의 유대인 친구들과 동료들의 고통에 대해서 통찰할 수는 없었지만 분주한 선전 활동과 조직 활동을 하고 난 1년 후에 고위층 나치가 그에게 큰 관심을 보여주지 않는다는 것을 알아차렸다. 이러한 사실은 하이데거가 민족사회주의를 과대평가했음을 증명하는데 충분했다. 따라서 하이데거는 사프란스키가 매우 호의적으로 말하고 있는 것처럼 산중 대피소에서의 칩거라는 단호함을 확고부동함으로 바꾸었다. 제2차 세계대전 후에도 하이데거는 편집광적이었지만 기지가 풍부하게 미국화, 현대의 기술공학, 삶의 저속화 및 존재의 완전한 망각을(이 네 가지 명칭을 하이데거는 동일한 현상으로 생각했다) 뒤집을 수 있다고 설명했다."[63]

이 지점에서 우리는 재차 산중 대피소에 칩거했던 선의에서 우러난 사상가이지만 패배한 사상가라는 아주 익숙한 형태와 마주친다. 최소한 이번만큼은 시라쿠스로부터의 계속되는 귀환요청에 직면하게 된다. 하이데거는 '분주한 선전 활동과 조직 활동을 하고 난 1년 후에' - 프라이부르크 대학의 총장시절- 정치적 투쟁에서 물러났다는 것을 결론으로 삼을만한 근거가 없음은 사프란스키의 책에서조차 강조된 것이다. 그에 따르면 하이데거가 수년 동안 -총장에서 물러나서 1945년까지- 단계적으로 자신과 민족사회주의와의 관계를 완전히 단절하지는 못하고 부드럽게 완화했다는 것이다. 여기서 프랑스 해체주의자들의 영역 이외에도 하이데거의 옹호자가 있음이 드러난다.[64]

63_ R. Rorty, "Besprechung von Rüdiger Safranskis Ein Meister aus Deutschland - Martin Heidegger und seine Zeit", in: *New York Review of Books* vom 3. Mai 1998.

64_ 로티는 과거 미국 실용주의자들에서 일어난 경향, 즉 실용주의와 유럽철학을 결합하

로티는 1989년 한 에세이에서 -파리아스 책이 출판된 이후에 그가 썼던- "하이데거가 단지 우연히 나치였다"는 것을 수정하고 있다. 한 주석에서 그는 이러한 입장을 계속해서 펼치고 있다. "실제로 하이데거의 사유는 본질적으로 반(反)민주주의적이다. 그러나 많은 독일인들은 민주주의와 현대를 의심스럽게 생각하고 대립해 있었지 나치는 아니었다. 하이데거는 양심이 없는 기회주의자일 뿐만 아니라 또한 이러한 의심을 마음속에 품었던 대다수 독일 지식인들보다 더 커다란 정치적인 무식꾼이었기 때문에 그러했다."[65] 비록 로티가 하이데거의 방향에 몇 가지 신랄한 단어를 던지고 있다손 치더라도 -그는 하이데거를 '무식꾼', '기회주의자'로 특징짓고 있다- 표현의 핵심은 업무를 감당할 수 없게 된 분별없는 철학자에 대한 계속되는 풍자화일 뿐이다. 사실 우리는 이러한 논증의 변종을 이미 잘 알고 있다. 예를 들면 총장 재임시절에 대한 하이데거 자신의 변명서, 프랑스에서 있었던 하이데거의 정통적 옹호자, 아렌트와 같은 개인적 친구들의 숙고 그리고 놀테의 전기에 나타나는 정반대의 친(親)파시즘적인 형태. 이러한 논의들 역시 하이데거와 민족사회주의의 관계가 우연적이지 않았다는 많은 증거들을 들이대며 싫증나도록 반복되었던 것들과 똑같이 객관적, 학문적 평가와 관계하는 것이 아니라 나쁜 의도나 변호와 관계된다는 것을 보여준다.

1987년 파리아스의 저서가 출판된 이후에 프랑스에서 진행되었던

려는 경향을 대표하는 철학자이다. 비록 로티가 하이데거의 정치와 철학의 관계에 대해 자신의 견해를 주장한다고 하더라도 그는 단지 그 동안에 친숙한 테마에서 계속되는 관점, 즉 고의가 없이 나치에 빠져 들어간 하이데거를 거론한다는 것이 얼마나 피상적인 연구인지를 보여주고 있을 뿐이다.

65_ R. Rorty, "Philosophy as Science, Metaphor, Politics", in: ders., *Essays on Heidegger and Others*, Philosophical Papers, Bd. 2, Cambridge 1991, 19쪽.

논쟁은 거의 2년 동안 지속되었다. 근자에도 우리는 프랑스에서 이루어지는 하이데거의 정치적 입장에 대해서 종종 듣고 있다. 이와 달리 1990년대 초반 이후의 논의는 미국, 영국 그리고 영어권 나라들에서 계속되고 있다. 실제로 1997년 이후 세 종류의 서로 다른 책들이 테마가 되었다. 영(J. Young)의 책 『하이데거, 철학, 나치즘』은 확고부동하게 하이데거의 명성을 변호하는 전통에 서 있다. 영은 자신의 관심을 처음부터 예고하고 있다. "이 책은 우리가 하이데거를 '반(反)나치'로 자세히 서술할 수 있는 것이 무엇인지를 그 목적으로 삼고 있다."[66]

록모어는 영의 책이 안고 있는 본질을 짧게 서평으로 요약하고 있다. "반대되는 것을 증명하는 많은 텍스트에도 불구하고(예를 들면 하이데거가 민주주의적 이상을 의문시하고 있는 슈피겔 대담) 영의 입장에 따라서 요약한다면, 하이데거는 대체로 너나 나와 똑같은 철학자로 드러난다. 다시 말하면 자유주의적 민주주의의 대표자로 판명된다. 물론 이러한 사실은 신뢰할 만한 것이 아니며 하이데거의 전대미문의 모습이다."[67]

지금까지 언급된 것을 보더라도 하이데거가 죽은 이후 지난 40년 동안 그의 사상과 행위에 대한 '은폐'가 지속되었던 것은 명확한 사실이다. 그렇다고 하이데거의 정치적 확신을 폭로하는 대립적 경향이 없었던 것은 아니다. 사실 1999년에 하이데거의 정치적 신념과 관련된 하이데거 철학에 대한 아주 중요한 연구물이 출판되었는데, 바로 요하네스 프리체(Johannes Fritsche)의 『하이데거의 존재와 시간에 있어

66_ J. Young, *Heidegger, Philosophy*, Nazism, Cambridge 1997, 1쪽.

67_ T. Rockmore, "Recent Discussion of Heidegger and Politics: Young, Bei stegui, Fritsche", in: *Graduate Faculty Philosophy Journal*, Bd. 21, 2, 1999, 53쪽.

서 역사적 운명과 민족사회주의』라는 책이다.[68]

4. 역사, 철학 그리고 신화

지금까지 본 바와 같이, 이제 하이데거 철학의 자율성을 반박해야 하는 것은 필연적인 것처럼 보인다. 사유가 인간을 반영하고 인간이 도덕적으로나 정치적으로 비판받아 마땅한 것이라면 이러한 인간의 사유도 마찬가지로 비판받아 마땅한 것이어야 한다. 만일 이것이 하나의 사례일 수 있다면, 우리는 사유하는 어떤 인간이 기술한 것을 실제로 읽지 않고도 그 사람의 사유에 대해 일정정도 판단할 수 있을 것이다. 우리가 어떤 사람의 사유를 이러한 방식으로 해석한다면 그러한 방식의 불합리성은 사유 그 자체에서 드러난다. 예컨대 이러한 방식의 논증이 가진 문제는 그 방식의 논증이 부분적으로 참인 것, 즉 실제로 사상가는 어떤 방법으로든 인류와 그 시대를 반영한다는 것을 받아들여 계속 사유하는 것이며, 그러한 견해는 일방적으로 어떤 절대적인 것으로 바뀐다. 그 결과 이러한 견해는 참인 동시에 거짓이 될 것이다. 일반적으로 사상가와 그의 행위간의 관계는 너무나 복잡해서 적절하게 공식화된 원칙으로 요약될 수 없다.

동시에 우리는 반대견해를 -하이데거의 옹호자들에 의해서 주장된 일방적인 판단, 즉 하이데거 내지 하이데거의 철학과 그의 정치적 신념 사이에는 어떠한 관련도 없다는 견해- 논박해야만 한다. 이러한

68_ J. Fritsche, *Historical Destiny and National Socialism in Heidegger's Being and Time*, Berkeley 1999.

견해를 주장하는 옹호자들은 고트롭 프레게(Gottlob Frege)를 적절한 실례로 든다.[69] 비록 이론적 작업이 한 개인의 전기 또는 사회적 지위와는 무관하게 이루어지는 이러한 예가 -특히 정치적이고 사회적인 문제와는 어떠한 밀접한 관계도 갖지 않는 기술적 영역에서- 있다는 것을 인정한다고 하더라도 모든 개별 이론가의 작업에서 이분법이 존립한다는 결과가 나오는 것은 아니다. 더욱이 하이데거의 이론적 작업이 개인적이면서도 정치적인 행위의 문제와 근본적으로 일치하고 있다는 정황을 고려해 볼 때, 하이데거와 같은 인간의 '정치적 행위'와 그의 '이론적 성찰' 사이에서 그러한 불협화음이 발견된다는 것은 놀라운 일이다.

하이데거와 관련해서 이러한 양자의 잘못된 길을 따라간다면 아마도 그의 인격과 정치적 신념에 대한 우리의 판단이 진실임이 판명될 수는 있지만, 그의 철학이 어떻게 자신의 정치적 견해에 영향을 끼쳤는지 또는 이러한 정치적 견해가 어떻게 철학에 영향을 끼쳤던가를 배울 수 있는 기회는 놓치게 될 것이다. 특히 우리는 21세기 초두에 시민적 사유의 가장 주목할 만한 현상을 설명해야할 -많은 사람들로부터 20세기 가장 위대한 사상가라고 불렸던 한 철학자가 왜 실제로 나치였던가?- 책임을 등한시하는 것이 될 것이다. 그렇다면 도대체 이러한 상황은 하이데거와 그의 옹호자와 추종자들에 의해서 수행되었던 '철학의 방법'에 대해 무엇을 말해주는가?

우리는 하이데거를 죄 없는 사람으로 묘사하고 있는 모든 행태들에 대한 대안으로서 하이데거가 서 있었던 역사적인 사유전통을 간단하

69_ 프레게는 흔히 악의적인 반유대주의자로 간주되었지만 그렇다고 이러한 그의 정치적 견해가 논리학에 대한 그의 기술적 작업에 영향력을 미치지는 않았다.

게 고찰할 필요가 있을 것이다. 이 고찰을 통해서 하이데거는 자신의 오류에 대해서 분별이 없었던 것도 아니고 취약했던 것도 아니며 -그 스스로 고백했던 바와 같이- 민족사회주의와 히틀러에 대한 그의 애정에서 자기사유의 가장 심오한 원리를 표명했던 것임이 분명해질 것이다.

일반적으로 말하자면 우선 하이데거는 계몽주의와 프랑스 혁명에 반대하는 낭만주의적 반동의 틀 내에 서 있다. 계몽주의뿐만 아니라 프랑스 혁명의 가장 심오한 표현은 철학적으로 게오르그 프리드리히 빌헬름 헤겔(Georg Friedrich Wilhelm Hegel)의 표현에서 찾아 볼 수 있다. 헤겔은 계몽주의와 프랑스 혁명의 편협성으로 간주되었던 것을 극복하려 했던 동시에 계몽주의와 프랑스 혁명이라는 작품이 근대 시민사회의 탄생에 있어 역사적으로 필연적인 것이라고 변호했던 철학자다. 맑스 역시 계몽주의와 프랑스 혁명의 옹호자인 헤겔을 따르고 있다. 물론 맑스는 헤겔과 달리 프랑스 혁명의 이상인 자유, 평등, 형제애(박애)가 사적 소유의 지반을 이루는 사회와 일치할 수 없음을 인식했다. 이러한 인식과 더불어 프랑스 혁명의 이상은 사회주의를 위한 투쟁으로 구체화되었다.

1848년 전(全) 유럽에서 혁명운동이 일어났으며, 그 결과 노동계급은 자주적인 정치력으로 진일보한다. 이것은 사회 각계각층에서 강력한 반응을 얻었다. 1848년의 결과로 인해 계몽적 이성에 반대하는 철학적 반동은 그들의 목적을 분명하게 의식하게 된다. 1800년대 계몽주의에 반대하는 근원적인 저항세력은 군주주의자들, 귀족들 그리고 교회에 그 지반을 두고 있었다. 그래서 19세기는 발전하는 시민사회에 의해 아주 강력하게 위협을 느끼고 있었던 집단들, 즉 계몽주의의 유산에 반대하는 저항세력의 물결로 가득했다. 그들은 과거 중세의 성스러운 황금시대를 그리워하며 회고하던 집단들이다.

시민 부르주아가 끊임없이 그들의 정치적 지배권을 관철시키려고 했던 독일에서는 1840년 유럽 구질서를 공격한 민주주의적 혁명세력과 농민계급과 중산계급에서 탄생한 정치적 낭만주의의 관계는 한마디로 불협화음이었다. 왜냐하면 정치적 낭만주의는 민주주의적 혁명세력으로부터 가장 강력한 위협을 느끼고 있었기 때문이다. 이러한 불협화음은 정치적 권력을 분배할 열망이 전혀 없었던 영주들, 왕자들 그리고 귀족들에게 슬쩍 넘겨진다. 헤겔이 죽은 지 10년이 되는 1841년 프로이센 권력자들은 헤겔의 이전 룸메이트이며 철학적 반대자인 프리드리히 셸링(Friedrich Schelling)을 베를린에서 강의하도록 불러들인다. 사실 후기 셸링 철학은 계몽주의에 반대하는 낭만주의적 반동으로서 '제일철학'이라는 목소리로 대변된다. 셸링은 계시와 엘리트의 가치를 위해 이성을 거부함으로써 '이성', '정치적 자유' 그리고 '사회적 평등'에 대한 계몽주의적 관심을 대체하는 일에 전념한다. 말하자면 후기 셸링의 체계는 '신비'와 '권위'에 대한 호소를 정당화시키는 작업이었다.

1848년 혁명의 패배와 더불어 후기 셸링 철학에서 표명되었던 반(反)이성주의적 경향은 효과적인 지반을 마련한다. 인류 역사에서 새로운 시대가 시작된 것처럼 보였던 프랑스 혁명의 약속은 프로이센 반동이라는 악몽에 자리를 내주었고, 정신적인 분위기는 새로운 가능성에 대한 열망 대신에 편협한 정치적 실천에 대한 체념과 순응으로 규정되었다. '자유' 개념은 주관적으로, 즉 정치적 삶의 화복(禍福)에도 불구하고 견지될 수 있는 '내재적 관점'으로 새롭게 해석되었다. 이것은 인간의 사회를 만드는 인간의 능력과 관련해서 철저한 '염세주의'와 동시에 일어났다. 아르투어 쇼펜하우어(Arthur Schopenhauer)

라는 이름은 이러한 '주관적 관념론'의 조류와 영원히 결합되었던 것이다.

1848년 이후 사회적 조건들에서는 근본적인 변화가 일어났다. 1848년 이전에는 정치적 낭만주의가 자본주의에 적대적으로 대립해 있었는데, 정치적 낭만주의의 정치적 공격방향이 이제 노동계급에 대항하는 것으로 바뀌었다. 이러한 사실은 노동계급이 처음으로 독립적인 정치적 힘을 나타냈던 1848년의 충격의 결과였다. 초기 낭만주의의 반(反)자본주의적 동인 중에서 남았던 모든 것은 평범한 수준의 시민적 '문화비판'이었을 뿐이다.

귀족적이고 엘리트적인 가치들은 민주주의적이고 사회주의적인 노력에서 나왔던 거대한 '사회적 평등주의'에 저항하는 피난처로 옹호되었다. 노동계급이 처음으로 1871년 파리 코뮌의 짧은 기간 동안 권력을 장악했던 이후 노동계급에 대한 구체적인 공포가 지수적으로 증가했다고 할 수는 없다. 파리 코뮌의 진압 직후 독일 소시민의 심리적 상태는 니체의 편지에서 분명하게 확인할 수 있다. "우리는 다시 희망해도 된다! 우리 독일의 사명은 아직 사라진 것이 아니다! 나는 그 어느 때보다 더 용감하다. 왜냐하면 아직도 모든 것은 프랑스인-유대인의 천박과 '격조' 아래 몰락해 있으며 '현재'의 탐욕스러운 행위로 몰락해 있기 때문이다. (…) 민족국가의 투쟁을 벗어나서 갑자기 매우 번식력이 강하게 나타난 모든 국제적인 히드라 수뇌부(Hydrakopf)는 전혀 다른 장래에 대한 투쟁의 광고지로서 우리를 깜짝 놀라게 한다."[70]

계몽주의의 계획은 니체에 의해서 글자 그대로 왜곡되어 핵심적인

70_ Friedrich Nietzsche an Freiherrn von Gersdorff am 21. Juni 1871. 재인용은 G. Lukacs, *Die Zerstörung der Vernunft, in: ders., Werke*, Bd. 9, Berlin 1962, 284쪽.

역할을 담당한다. 니체는 계몽주의에 대한 비판적 무기를 습득하였으며, 그 비판적 무기를 계몽주의에 반대해서 사용한다. 그는 종교적 미신에 반대하는 계몽주의의 투쟁에서 발전되었던 진리주장의 배후에 있는 '권력관계'를 폭로하는 것으로 시작한다. 그러면서 그는 이러한 폭로를 계몽주의 그 자체에 반대해서 사용한다. 니체는 모든 진리주장들은 '권력에 대한 의지'를 초래하는 것 이외에 아무 것도 아니라는 결론을 내린다. 그는 모든 정신사를 새로운 권력을 쟁취하기 위해 숨겨져 있는 노력의 표현으로 해석한다.

이러한 견해에 따르면 우리는 지난 2,000년 동안 유럽문화의 운명을 규정했던 기독교의 '권력에 대한 의지'의 도구였을 뿐이다. 니체는 동시대에 일어났던 민주주의적 개혁과 사회주의를 위한 평등운동을 경멸했다. 그는 이러한 근대의 정치적 운동을 위대한 문명과 위대한 인간, 즉 '초인'이 획득하기 위해 노력하는 귀족적 가치들을 위협하는 것으로 간주했다. 니체는 '노예 도덕'으로 가득 차 있는 기독교를 탄핵한다. 왜냐하면 기독교는 계몽주의에 의해서 종교적 믿음을 종결적으로 폭로함으로써 절정을 이루었던 과정, 즉 니체가 '신의 죽음'이라고 부르는 사건의 과정을 작동시키고 있기 때문이다. 계몽주의는 가치적으로 어떠한 토대도 더 이상 가지고 있지 않은 시대, 즉 '허무주의' 시대를 초래한다.

니체에게서는 반(反)계몽주의가 그 본래적인 목소리를 되찾는다. 우리는 하이데거 철학에 적응하기 위해서 이러한 전통을 살펴보아야만 한다. 실제로 하이데거는 스스로 니체를 정확히 자기와 뜻이 같은 사람으로 인정하고 있다. 그러나 니체는 허무주의를 예언했던 선지자로 여겨진다면 하이데거는 완전히 발전된 허무주의의 전기(傳記)로 간주된다. 하이데거의 견해는 제1차 세계대전에서 독일의 패배로 생겨난 극도로 염세적인 분위기에서 구체화되었다. 그는 우익 문인 에른스트 윙거(Ernst Jünger)의 영향을 받았다. 윙거의 소설들은 전투에서 자신의 운명에 대처하는 확고부동하고, 결연한 군인들을 예찬하고 있다. 이외의 중요한 영향은 서구 문명의 가치를 해친다고 비난되었던 사회주의와 자유주의에 대해서 신경질적으로 장황한 변설을 늘어놓은 오스발트 슈펭글러(Oswald Spengler)의 『서양의 몰락』이다.

하이데거 철학이 나오게 된 직접적인 철학적 전통은 19세기 말엽 빌헬름 딜타이(Wilhelm Dilthey)에서 시작된다. 딜타이의 철학적 경향은 생(生)철학으로 널리 알려져 있다. 그의 추종자들로는 게오르그 짐멜(Georg Simmel), 슈펭글러(O. Spengler), 막스 셸러(Max Scheler), 야스퍼스(K. Jaspers)와 같은 아주 서로 다른 사상가들과 루드비히 클라게스(Ludwig Klages), 알프레드 보임러(Alfred Bäumler), 에르스트 크리크(Ernst Krieck)와 같은 파시스트들도 있다. 생철학은 많은 지식인들에게 영향을 미쳤던 특정한 문화적 분위기와는 달리 별로 특별한 철학적 이론은 아니었다. 생철학의 특징은 한편으로 학문과 기술공학의 엄밀한 이분화이며, 다른 한편으로 '삶'이라는 범주의 이분화이다. 생철학은 1848년 전에 진행되었던 논쟁에서 나온 학문적 이해를 비판하는 것으로 이데올로기적 무장을 하고 있다. 제한적으로 그리고 건조하게 이해된 학문적 이해는 '삶'에 대한 직관적 통로를 매개하는 '경험'에 대립해 있다. 점점 더 강하게 강조되었던 직접적인 직관에 대한 이러한 요청은 생철학을 비이성주의의 형태로 부각시켰다.

하이데거는 『존재와 시간』에서 망각의 형이상학의 역사를 구하려는 웅대한 임무를 부여받는다. 특히 그는 근대의 인간이 '존재에 대한 물음'의 의미를 망각하고 있다고 주장한다.[71] 그는 입에서 흔히 오르내

71_ 하이데거의 『존재와 시간』에 대한 정치철학적 해석에 대해서는 이재성, 「하이데거의

리는 단어인 '이다'(존재 ist)를 사용함에 있어서 우리가 생각하고 있는 것이 무엇인지를 더 이상 알지 못한다고 말한다. 하이데거에 따르면, 우리가 일상적으로 사용하고 있는 주어와 술어의 논리는 실존의 참된 의미를 숨기고 있다는 것이다. 하이데거는 그리스인들이 존재의 진짜 경험을 '탈은폐'(Unverborgenheit)로 소유하고 있었다고 주장한다. 그러나 그리스 철학이 라틴어로 번역되었을 때, 그리스 철학은 이러한 근원적인 경험의 풍요를 상실해버렸다는 것이다. 말하자면 존재의 경험은 사물과 사물의 속성들 간의 관계로 물화되어 버렸다. 하이데거는 '잃어 버렸던 존재의 근원적인 의미를 회복'시키는 것을 자신의 본질적인 철학적 임무라고 생각했다. 그는 이러한 출발점에 따라 그리스 이후의 서양철학의 전 역사에 전쟁을 선포한다.

니체의 영향은 명확하며, 이러한 사실은 후기 하이데거 철학에서 보다 더 뚜렷해진다. 니체와 마찬가지로 하이데거는 잘못된 '인식모델'을 통해서 가망 없이 손상된 철학사를 뒤집어 버린다. 철학을 실현하는 하이데거의 방법론은 니체의 발자국을 똑같이 따라가는 것이다. 그는 독자를 압도하는 것을 목적으로 삼는 '예언적 표현'과 '어원학적 요령'을 위해서 논리의 힘으로 선입관에 사로잡히지 않은 독자를 설득시키려는 '논증적 논변'을 폐기처분한다. 더욱이 하이데거는 후기 철학에서도 여전히 계속해서 철학사를 배척한다. 그는 소크라테스 이전 철학자들 이후의 모든 철학자들은 존재의 근원적 경험방식을 날조하고 왜곡시킨 것에 책임져야 한다고 주장한다. 하이데거의 계획, 즉 존재의 근원적 의미를 원상복구 시키는 일은 '형이상학의 파괴'를 목적으로 삼은 원대한 기획으로 바뀐다.

예속모델로서의 들음과 순종」, 대동철학 제19집, 2002, 189~207쪽; 이재성, 「존재와 시간에 대한 정치철학적 해석의 가능성 - 하이데거는 포드주의 철학자인가?」, 대동철학 제32집, 2005, 241~261쪽 참조.

하이데거의 『존재와 시간』은 '죽음'의 의미를 논의한 것으로 가득 차 있다. 하이데거에 따르면 죽음을 위협하는 '위험'과 그 주변에 우리의 '지식'이 존재한다. 양자는 '본래적인' 삶을 가능하게 한다. 비록 인간이 최후까지 삶을 살고 죽음에 직면한다고 하더라도 인간은 일상적인 실존의 비본래적인 끊임없는 지껄임을 무시한 채 참된 자신과 일치하려는 상황에 처해 있다. 하이데거가 '죽음에 이르는 존재'라고 불렀던 이러한 테마는 서양 정신사에 있어서 결코 새로운 것이 아니다. 이것은 아우구스티누스에서 키에르케고르를 거쳐 톨스토이에 이르는 수많은 종교적 저자들의 성찰과 밀접한 관계를 맺고 있다. 물론 죽음의 '직접성'과 그 때문에 우리에게 떠넘겨진 책임에 대한 하이데거의 세속화된 성찰은 윙거의 '영웅문학'과 깊은 관계를 맺고 있다. 무엇보다도 윙거는 위협적인 죽음에 직면한 군인은 자신의 삶에 가치를 주는 '결단'을 해야 한다고 호소한다. 실존철학에서 매우 중요한 하이데거의 범주 '결단'(Entschlossenheit)은 희망 없는 전쟁의 참호 안에서 적과 대치하고 있는 군인의 상황에서 유래한다.

우리는 이처럼 하이데거 사유의 특색, 즉 운명을 최종 결정하는 '결단'을 내리는 것 때문에 그의 철학은 핵심적으로 비(非)정치적이라는 필연성을 강조하는 것이 위험하다는 추론을 다양한 해석서들에서 찾아 볼 수 있다. 우리는 표면적으로 나치가 될 결심을 할 수 있거나 -하이데거 자신과 같이- 프랑스 레지스탕스의 구성원이 될 결심을 할 수 있으면서도 -사르트르처럼- 여전히 본래적인 실존의 범주에 충실히 머물 수 있다. 이러한 실존의 범주들 '본래성'과 '결연함'이 갖고 있는 아주 공허한 특징은 수많은 비판의 대상이었다. 예를 들면 하버마스는 본래성과 결연함을 "공허한 결단성의 결정론"으로 특징짓고 있다.[72]

72_J. Habermas, *Der philosophische Diskurs der Moderne - Zwölf Vorlesung*,

하이데거는 한 결단의 가치가 다른 결단과 비교해서 평가될 수 있는 저마다의 판단기준을 결여하고 있다는 비난을 받는다. 만일 우리가 세간에서 행해지는 하이데거 해석을 인정한다면 이러한 비판은 대체로 근거 있는 비판이다.

프리체는 『하이데거의 존재와 시간에 있어서 역사적 운명과 민족사회주의』에서 『존재와 시간』에서 논의된 범주들은 비정치적인 것이 아니라 매우 정치적이라는 논증을 제시한다. "만일 우리가 『존재와 시간』을 그 책의 문맥에서 읽는다면 셸러가 표현했던 것처럼 1920년대의 (위기의) 결정적인 시점에서 『존재와 시간』은 선동적 우익들 중에서도 가장 과격한 집단, 즉 민족사회주의에 논거를 제공했던 고도의 정치적이고 도덕적인 저작이었다는 것을 알게 된다."[73] 프리체는 하이데거의 표현방식과 언어사용이 1920년대 독일에서 발생했던 우익의 사유에서 공통적인 전통의 구성요소였다고 단언한다. 『존재와 시간』의 정치적 내용은 당시 독일의 하이데거 동시대인들에게서 명백하게 있었던 것이다. 물론 2세대들 후반에까지 널리 퍼졌던 프랑스어나 영어 번역의 독자에게 정치적 내용은 아주 이해하기 힘든 것이다. 이러한 사실을 프리체는 비웃듯이 표현하고 있다. "그들은 『존재와 시간』에서 고독으로 고립된 시민적 주체인 늙은 마녀가 두려움을 불러일으키는 모습 또는 그 사회에서 에로틱하지 않은 계명을 보며 그리고 그들은 이러한 사회를 벗어나서 도약을 향한 희망을 본다."[74]

사르트르와 프랑스 실존주의자들은 하이데거로부터 고독과 소외의 테마들 그리고 그것으로부터 불합리한 세계에 직면하여 영웅적이고

Frankfurt(M.) 1985, 168쪽.

73_ Fritsche(1999), xv.

74_ Fritsche(1999), 218쪽 이하.

결단적인 '의지주의'가 논리적으로 귀결된다는 생각을 넘겨받는다. 프리체는 실존주의자들이 하이데거를 오해한 것은 하이데거의 책에 어느 정도의 업적을 부여할 수 있다고 생각한 것에 있다고 주장한다. 하이데거를 민족사회주의의 철학자로 읽을 수 있다는 프리체의 논증을 이 글에서 재현하는 것은 불가능하다. 다만 여기서 말할 수 있는 것은 그의 논증이 『존재와 시간』에 대한 상당히 수준 높은 역사적이고 정치적인 텍스트 분석이라는 것이다. 실제로 프리체는 『존재와 시간』의 내용을 재구성하고 나서 하이데거를 그와 동시대인이었던 저 악명 높은 다른 두 우익 저술가, 즉 셸러와 히틀러의 작품들과 비교하고 있다. 프리체는 세계적으로 유명한 철학자와 비인 빈민굴 출신의 사회질환자에 의해 서술된 것임에도 불구하고 『존재와 시간』과 『나의 투쟁』의 정치적 내용이 동일하다는 것을 보여준다.

프리체가 주장하고 있는 신비들 중의 하나는 하이데거의 '본래성' 개념이 개인적 자유에 대한 전통적 구상과 결합되어 있다는 것이다. 프리체는 하이데거에 있어서 '본래성'의 획득은 정확히 '자유수행'의 반대말을 의미한다는 것을 보여준다. 오히려 본래성의 획득은 누군가가 그 자신을 규정하는 삶에 대한 '부름'에 응답하는 것을 의미한다. 이러한 부름에 응답해야 하는 운명은 개인의 세력권을 벗어나 있는 집단에 의해서 결정된다. 따라서 부름에 응답하는 것은 자유에 대한 모든 생각과는 반정립이다. 이러한 테제를 보증하기 위하여 프리체는 『존재와 시간』에 나오는 구절을 인용하고 있다. "현존재(인간 실존에 대한 하이데거의 표현)가 운명의 타격을 받는 수가 있는 것도 현존재가 자기존재의 근본에 있어서 특징지어진 의미에서 운명이기 때문이다. 현존재는 자신을 전승하는 결단성 속에서 운명적으로 실존하면서 세계-내-존재로서 '행복한' 상황을 '마중'하는 것에서나 우연한 비참을 위해서나 다 같이 열려 있는 것이다. 여러 정황이나 사건의 충돌로 인해 비로소 운명이 일어나는 것이 아니다. 결단성이 없는 사람조차도 이러한 여러 정황이나 사건에 의해, 더욱이 그것을 선택한 사람들보다도 한층 더 심하게 쫓겨 다니지만 그럼에도 불구하고 그 같이 결단성이 없는 사람은 어떠한 운명도 '소지'할 수 없다."[75]

프리체는 이 발췌부분을 다음과 같이 논평하고 있다. "첫째, 결코 현존재에 의해서 창조되고, 변화되며 혹은 깨뜨려지는 어떤 것이 존재할 수 없기 때문에 '운명'은 이미 현존재 이전에 실존하며 현존재의 복종을 요구한다. 문제는 운명이 어떻게 이루어질 수 있으며 혹은 깨뜨려질 수 있는가 하는 것이 아니다.[76] 오히려 문제는 현존재가 열려 있고, 내맡겨져 있으며, 복종하고 혹은 희생하게 되는 자신의 운명을 받아들이는가 -본래적인 현존재가 행하는 것- 또는 현존재가 자신의 운명을 거부하고 운명을 벗어나려고 하는가에 -일상적인 현존재이며 그 때문에 비본래적인 현존재로 특징짓는 것- 달려 있다."[77] 본래적인 현존재가 복종해야만 하는 운명은 어떤 실존적 불안의 본성이 아니다. 하이데거에 있어서 운명은 하나의 특정한 정치적 내용을 갖는다. 애국적인 독일인의 운명은 인종과 유산의 지반에 의해 공통점을 알려야 했던 나치의 투쟁어인 '민족공동체'와 동일시되었다. '민족공동체'의 이념은 이 시기의 우익 저술가들에게 있어서 자주 '사회'와 반대되는 것이었다. 계몽주의의 이념에 따르면 사회라는 개념은 보편적인 인간의 가치에 근거하는 '이해공동체'를 대변했다.

75_ M. Heidegger, *Sein und Zeit*, Tübingen 1972, 384쪽.

76_ 이러한 해석은 전형적인 실존주의적 해석이 될 것이다.

77_ Fritsche(1999), 65쪽.

프리체는 계속해서 본래성을 분석하면서 다음과 같이 논평하고 있다. "일상적인 현존재와 비본래적인 현존재와는 반대로 본래적인 현존재는 위험한 상황에 주어져 있으며 그 자신 스스로 '유산'과 결합되어 있다고 이해한다. 이것을 달성함으로써 운명을 소지한 현존재와 운명을 소지하지 않은 현존재(즉 비본래적 현존재) 간에 구별이 이루어진다. 그 다음 단계에서 본래적 현존재는 자신의 유산과 운명이 현존재 자신을 투쟁하도록 부르는 민족공동체임을 파악한다. (…) 이것에 일치해서 본래적인 현존재는 민족공동체에 자신을 내맡기며 투쟁 속에서 위험에 처해 있다는 것을 인식한다. (…) 마지막으로 본래적인 현존재는 민족공동체의 과거에 복종할 것을 맹세하고 투쟁한다. 그것은 비본래적인 현존재의 세계를 말살시키는 것을 의미한다."[78] 프리체는 본래적인 현존재의 투쟁을 매우 은유적으로 '비본래적인 현존재의 세계를 말살시키는 것'이라고 특징짓는다. 텍스트를 평이하게 보면 '비본래적인 현존재의 세계를 말살시키는 것'은 파시스트적인 반(反)공산주의 혁명에 주의를 환기시킨다. 파시스트적인 반공산주의 혁명은 시민적 민주주의와 그 제도들의 파괴, 사회주의자들의 추방과 학살, 모든 독립적인 노동계급 조직들의 무력화, 계몽문화에 대한 집중적이며 체계적인 공격과 민족 내부에 있는 낯선 집단, 무엇보다도 유대인에 대한 당연한 추방과 마침내 그 절멸을 필요로 한다.

만일 『존재와 시간』에 대한 프리체의 해석이 설득력이 있다면 이 해석은 하이데거가 자신의 전기 철학에서 후기의 '정적주의'(Quietismus)라는 독특한 형식에로의 방향전환을 수행하는 수수께끼를 해결하는데 사용될 수 있다. 『존재와 시간』에 대한 전형적인 해석

78_ Fritsche(1999), 67쪽.

들이 이해하고 있었던 바와 같이, 수많은 해석들은 '행동주의'에 근거를 두고 있는 전기 철학에서 후기 철학을 특징짓는 운명에 대한 신비적 체념에 근거하는 철학으로의 표면적인 급진적 이행 때문에 혼란에 빠졌던 것이다. 프리체는 하이데거의 전기 철학이 의지주의와는 전혀 다른 것이었음을 지적한다. 인간은 자기운명을 자신의 의지에 따라 개조한다는 생각은 하이데거의 관점과는 아무런 유사성이 없는 계몽주의의 전형적인 동인(動因)이다. 하이데거의 관점은 -프리체가 제시한 바와 같이- 인간이 운명을 개조하는 것이기보다는 오히려 존재하고 있는 운명을 찾아내는 것이며 인간은 바로 그 운명에 복종하는 것에 있다. 그 결과 '체념'의 감정은 하이데거의 전기 철학에 이미 선재해 있다. 따라서 후기 철학으로의 이행은 그 이행이 드러나는 만큼 전혀 급진적이지 않다.

또한 우리는 운명의 부름에 대한 응답인 하이데거의 본래성 이론에 전혀 특별한 특징이 없다는 것을 첨가할 수 있다. 이목을 끄는 이와 비슷한 구상은 동시대 지식인, 즉 민족사회주의에 동조했던 스위스의 심리학자 융(C. G. Jung)의 작품에서도 찾아볼 수 있다. 1935년의 한 강의에서 융은 인간의 개별적 의지력과 집단적 운명의 관계에 대해서 다음과 같이 평가하고 있다. 인간의 "개인적 심리상태는 연하고 부드러운 피부이며 (…) 집단 심리상태의 대양 위에 떠 있는 가벼운 주름일 뿐이다. 효과적인 요인, 우리의 삶을 바꾸는 요인, 우리에게 잘 알려진 세계의 표면을 변경시키고 역사를 만드는 요인은 집단 심리상태이다. 집단 심리상태는 우리의 의식과 근본적으로 상이한 법칙에 따라서 움직인다. (집합 무의식으로 존재하는) 원형은 중요한 결정적인 힘이다. 이 원형은 진짜 사건을 만들어 내며 우리의 개인적 오성이나 실천적 지성이 아니다. (…) 확실히 인간의 운명을 규정하는 원형적 모습이 존재한다. 인간의 무의식적 심리상태는 인간의 작은 다락방의 뇌심실에서 사유하고 말하는 것을 결정하기도 하고 결정하지 않기도 한다."[79]

만일 심리상태에 대한 융의 방법론적 습득에 근거하는 어휘에다 하이데거의 범주를 대체한다면 융과 하이데거 사유방식의 본질적인 일치를 확인할 수 있다. 예를 들어 '인간의 무의식적 심리상태'에다 '본래적인 현존재'를 집어넣는다면 운명은 인간의 무의식적 행위에 의해서 만들어지는 것도 아니고 바뀌는 것도 아니라는 하이데거 논증이 된다. 운명은 오히려 이미 실존 이전에 주어진 상태, 즉 융의 용어로 '원형'이다. 인간은 무의식적 영역인 원형의 '부름'에 응답하도록 강요되든지 아니면 비본래성의 결과를 감수해야만 할 것이다.

하이데거와 융 사유의 근접성은 철학과 심리학의 타화수분(他花受粉)의 경우라고 해석해서는 안 된다. 오히려 양자의 사유친화성은 공통적인 이데올로기적 원천에 상응하는 공통적인 견해를 나타낸다. 이러한 공통적인 기체는 민족사회주의 전에 이미 100년 이상 독일에서 성장했던 순(純)민족적 이데올로기이다. 철학자들이 순민족적 이데올로기의 반계몽주의에 방법을 제공했다면 그들의 실질적인 원조는 이데올로기 대표자들의 절충주의적 혼합이었다. 계몽주의에 반대하는 낭만주의적 반동에서 허무주의가 이성의 절정이라는 니체의 예언에 이르는 동안 진보에 대한 믿음 및 학문과 사회적 발전에 의한 인간성 완성의 능력은 점진적으로 전복되었다. 이러한 분위기는 19세기 후반 독일의 산업화에 의해 점점 더 밀려나고 주변화된 사회집단에서

79_ C. G. Jung, *Über Grundlagen der analytischen Psychologie, Tavistock Lectures 1935, Fünfte Vorlesung, in: ders., Gesammelte Werke*, Bd. 18, 1, Olten 1981, 179쪽 이하.

그 공감대를 이루었다. 순민족적 이데올로기의 세력형성은 부르주아와 노동계급의 협공에 밀려났던 농민, 수공업자 및 토지소유자의 불안의 표출이었다.

이데올로기들은 공식적인 철학 학파에서 생겨났을 뿐만 아니라 또한 '지하조직'을 통해서 발전되었다. 그 지하조직의 초기 대표자들은 이후 역사학자들에게 전혀 감지되지 못했다. 하인리히 릴(Heinrich Riehl)은 철학사에서 전혀 흔적도 찾아 볼 수 없는 사람이지만 순민족적 이데올로기에 지대한 영향력을 미친 이론가였다. 그는 『조국과 민족』(Land und Leute)이라는 책에서 한 민족의 내적인 특징은 완전히 고향의 땅과 뒤엉켜 있다고 주장했다. 릴의 사유와 순민족적 이데올로기에서 핵심적인 구상은 특정계급 또는 인종집단은 땅과의 유기적 관계를 통해서 '뿌리박고' 있다면 그렇지 못한 다른 것은 '뿌리가 없는' 것이며 민족에 동화될 수 없다는 것이다. 역사학자 모제(G. L. Mosse)는 순민족적 이데올로기에 대한 정확한 사건서술에서 이러한 릴의 이념의 측면을 다음과 같이 요약하고 있다. "그럼에도 불구하고 정치구조에는 위험을 뜻했으며 순민족적 사회에는 편입될 수가 없었던 제 3의 계급이 발생했다. 이러한 집단, 즉 참된 '프롤레타리아'는 완전한 무산자들로 이루어졌다. (…) 신분체계에서 프롤레타리아가 제외된 원인은 그들의 불확실성과 불안정이었다.

이 집단은 결코 지속적으로 뿌리박을 수 없었던 동시대 인구에 속했다. 이러한 범주에는 -고향을 잃은- 어떠한 땅도 소유할 수 없었던 뜨내기들이 들어간다. 그 외에도 여기에 해당되는 자들은 모든 신성한 습속에 반대하고, 인간에 의해서 만들어진 신비의 약을 옹호하며 전형적으로 오랫동안 존립하고 있는 질서에 반항하는 사람을 격려했던 언론인, 논쟁가 및 인습 타파주의자였다. 그렇지만 이 모든 것은 그 특성상 불안정했던 유대인에 어울렸다. 유대인은 한 민족의 일원이었지만 어떠한 그들의 땅도 소유하지 못했기 때문에 뿌리가 뽑힐 운명에 처해 있었다. 이러한 민족의 구성요소는 -무엇보다도 릴이 생각했던 바와 같이- 그들의 생각에 따라 종사했던 대도시에서 절대다수를 점하고 있었다. 그럼에도 불구하고 이것은 인위적인 가정이며 안정적인 뿌리박기와는 반대로 그들의 거주자를 포함하여 이 가정의 모든 것은 지속적으로 동요하고 있었다. 대도시와 프롤레타리아는 민족과 그 민족의 생활터전을 위험에 빠뜨렸던 불길한 거상으로 융합하는 것처럼 생각되었다."[80]

순민족적 신화에 철학적으로 물들기 쉬웠던 융은 1933년 이후 직접적으로 민족사회주의에 대해 스스로 호감을 표명했다. 물론 하이데거와는 달리 융은 '부름'에 응하지는 않았으며, 결코 나치에 입당하지도 않았다. 아마도 융의 전기에서 별로 달갑지 않은 이 시기는 하이데거의 경우처럼 수십 년 전부터 이미 잘 알려졌던 것인데도 비로소 최근에야 비판적 연구의 대상이 되었던 것은 전혀 우연이 아니다.[81]

'뿌리박기'와 '뿌리없음'의 테마가 『존재와 시간』에서 어떻게 '본래성'과 '비본래성'으로 드러나는지는 쉽사리 인식할 수 있다. 하이데거의 사유에서 순민족적 갈래는 니체의 반이성주의적 유산과 결합한다. 그래서 제2차 세계대전 시기에 소시민의 사회적 지위에 대해 많은 것을 암시하는 비유가 나타난다. 반이성주의적 철학의 발생에 대한 연구에서 게오르그 루카치(Georg Lukacs)는 하이데거의 개념형성을 위해

80_ G. L. Mosse, *Ein Volk - Ein Reich - Ein Führer. Die völkischen Ursprünge des Nationalsozialismus*, Königstein 1979, 31쪽.

81_ 순민족적인 신화에 대한 융의 친화성에 대해서는 R. Noll, *The Jung Cult: Origins of a Charismatic Movement*, Princeton 1994 참조.

열려 있었던 그 시대의 사회적 심리상태를 캐내고 있다. "하이데거의 절망은 이중적 특징을 갖는다. 한편으로 제국주의의 전쟁 기간 동안 개인의 내재적 무화(Nichtigkeit)를 가차 없이 폭로하기와, 다른 한편으로 이러한 무화의 사회적 이유들이 시대초월과 반사회적인 것으로 떠받들어졌기 때문에 불쑥 드러났던 감정은 매우 쉽게 절망한 반동적 활동으로 돌변할 수 있었다. 히틀러의 선동이 끊임없이 '절망'에 호소했다는 것은 전혀 우연이 아니다. 노동하는 대중 입장에서 보면, 그들의 경제적-사회적 조건에 대한 절망에 호소했던 것이다. 하지만 지식인 입장에서 보면, 하이데거가 개념화하고 철학적으로 미화하며 '믿을 만한' 것으로 시성한 주관적 진리에 근거를 두고 있는 무화와 절망의 모든 분위기는 히틀러의 선동이 효력을 발휘할 수 있는 효과적인 지반을 만들었다."[82]

지금까지 우리는 하이데거 사유에서 독일 파시즘과 공통의 구성요소를 이루고 있는 두 가지 갈래를 찾아냈다. 그것은 바로 '철학적 반이성주의'와 '순민족적 신화'의 선점(先占)이다. 독일 파시즘의 세 번째 이데올로기적 구성요소는 조잡한 생물학적 결정론에 상응했던 '인종이론'이라는 사이비 학문이었다. 하이데거의 사유가 이러한 조잡한 인종주의 방식에 적응하지 못했던 것은 아주 확실하다. 생물학적 인종이론을 파생시킨 철학적 전통들, 즉 '사회적 다윈주의'와 '기계적 환원주의'는 하이데거에게 계승된 생철학 전통에서 이단이라는 판결을 받았다. 생철학에서는 특히 생철학의 후기 대표자들은 '생'과 '자연과학'의 구별을 강조했다. 하이데거는 생철학을 특별히 비과학적 분야로 발전시킨다. 우리는 과학에 대한 하이데거의 증오가 인종주의적 사이비 학

82_ Lukacs(1962), 441쪽.

문에 대한 모든 승인을 배제했다고 말할 수 있을 것이다.

하이데거 옹호자 중의 소수는 하이데거가 바로 생물학주의의 반대자였기 때문에 나치 또는 반유대주의자일 수 없었다고 지적한다. 만일 우리가 이러한 사고의 방향을 따른다면 민족사회주의에 있어서 매우 중요한 의미를 생물학적 인종이론에다 할당하게 될 것이다. 록모어는 다음과 같이 강조하고 있다. "하이데거는 많은 다른 지식인들과 공통적으로 가졌던 반생물학주의를 반유대주의와 민족사회주의와 결합할 수 있었다. 최소한 민족사회주의가 권력을 장악했던 이후에 민족사회주의에게 생물학주의는 예를 들자면 루터의 작품과 독일제국 국회의사당, 즉 국회에서 연설하는 것에서 매우 인상적으로 존재하고 있는 반유대주의만큼 그렇게 중요한 것이 아니었다."[83]

우리는 하이데거가 가장 잔인한 나치인종주의자들의 저급한 철학을 거부했는데도 불구하고 그들과 공동 프로젝트를 연구하는 것을 망설이지 않았다는 사실을 덧붙일 수 있다. 하이데거와 알프레드 로젠베르크(Alfred Rosenberg)의 철학적 차이는 매우 현저한데도 불구하고 하이데거는 3제국의 대표자로서 국제회의에 참가해서 로젠베르크 및 그와 유사한 인간말종들과 기꺼이 같은 단상에 앉았다.[84] 우리는 여기

83_ Rockmore(1992), 111쪽.

84_ 예전 하이데거의 제자이자 친구인 카를 뢰비트(Karl Löwith)는 하이데거를 1936년 로마에서 있었던 회의에서 만났었다. 유대인 태생인 뢰비트는 1933년 이후에 망명했다. 이 만남의 기회에 뢰비트는 "어떻게 스트라이허(J. Streicher)와 같은 인간과" 한자리에 앉을 수 있느냐고 하이데거에게 물었다. 저 악명 높은 돌격대(Stürmer)의 발행인인 스트라이허는 나치 문서국의 회장단 일원으로 회의에 초청되었다. 물론 하이데거도 스트라이허처럼 회장단의 일원이었다. 뢰비트는 회고록에서 스트라이허와 관련된 자신의 물음에 하이데거가 다음과 같이 답변했다고 기록하고 있다: "스트라이허에 대해 우리는 언급할 필요가 없네. 돌격대는 외설물 이외에 아무 것도 아니네. 히틀러가 저런 놈을 벗어나지 못하는 이유를 본인은 이해할 수 없을 것이네. 히틀러는 그에 대해 충분한 불안을 갖고 있네". 말하자면 여기서 하이데거는 지도자 히틀

서 공식적인 민족사회주의의 '철학'은 반이성주의적 문화의 시대가 그들을 도와주지 못했다면 한 번도 폭넓은 독자층을 갖지 못했을 것이라는 루카치의 고찰을 덧붙일 수 있을 것이다. "그러나 매우 작게 그 기초가 세워지고 통일성이 부여되었으며, 아주 철저하게 비과학적이고, 조잡하게 비전문적인 '세계관'이 지배적일 수 있었기 때문에 특정한 철학적 분위기, 지성과 이성에 대한 신뢰의 와해, 진보에 대한 믿음의 파괴, 반이성주의, 신화 및 신비주의에 대한 경신(輕信)을 절대적으로 필요로 했다."[85]

하이데거의 일차적 범죄는 그가 민족사회주의당의 당원이었으며 프라이부르크 대학의 총장이라는 직책을 맡았다는 것에 있다. 이것은 순수한 정치적 범죄다. 그러나 철학에 대한 하이데거의 범죄는 보다 더 근본적일 수 있다. 왜냐하면 하이데거는 철학으로 민족사회주의의 야수를 먹여 살렸던 바로 그 '야만문화'에 기여를 했기 때문이다.

5. 하이데거, 실용주의 그리고 포스트모더니즘

"일체의 진리를 성취할 수 없게 함으로써 비로소 자기 자신으로 복귀하며 동시에 이러한 자기고유의 지성세계에 탐닉할 뿐만 아니라 더 나아가서는 모든 사상을 끊임없이 와해시킴으로써 그 어떤 내용보다도 허울 속에 휘말려 있는 자아를 발견하는데 그치는 다름 아닌 자존

러를 스트라이허와 구별하고 있다. K. Löwith, "Letztes Wiedersehen mit Heidegger", in: G. Neske/E. Kettering(Hg.), *Antwort - Martin Heidegger im Gespräch*, Tübingen 1988, 172쪽.

85_ Lukacs(1962), 362쪽 이하.

심 또는 허영심이야말로 다만 스스로 자신에게 탐닉하는 데서 오는 충족감 이외에 아무 것도 아니다. 왜냐하면 이러한 충족감이란 언제나 보편적인 것을 회피하고 오직 자기의 유아적 입장을 고수하는데 그칠 뿐이기 때문이다."[86]

이미 언급한 바와 같이 전후시기에 가장 주목할 만한 철학적 경향은 다양한 진보적 성향을 띤 지식인들이 하이데거를 끌어안았다는 것이다. 이러한 경향은 상당히 독특하고 복잡한 문제이기도 하다. 이러한 맥락에서 우리는 여기서 역사적인 차이에도 불구하고 하이데거와 오늘날 그의 동조자들 간의 인식이론적 친족관계를 간단하게 스케치할 필요가 있다.

서구에서 전후의 지식인들을 특징지었던 것은 맑스주의, 인본주의 혹은 모든 계몽주의적 이성의 잔존물들과의 동일성을 일괄적으로 포기한 것이었다. 급진적인 지식인들 세대의 유일한 희망은 1960년대 후반과 1970년대 초에 좌절된 혁명운동의 무게에 눌려 버렸다. 특히 프랑스 지식인들과 관련해서만 보더라도, 1968년 5~6월에 있었던 혁명적 봉기가 실패한 결과를 결코 과소평가해서는 안 된다. 대부분의 과거 좌익계열의 지식인들은 해방을 목표로 삼은 '이성의 계몽주의적 비전'에서 일괄적으로 후퇴하기 시작했다. 그들의 절망적 분위기는 포스트모더니즘의 창시자인 후기의 장 프랑수아 료따르(Jean-Francois Lyotard)를 통해 간명하게 느낄 수 있다. "우리는 서구에서 200년이 넘도록 인류의 보편적인 진보원리에 투자되었던 확고한 기대에서 패배의 모습을 관찰할 수 있으며 또한 확인할 수 있다. 이러한 가능한,

---

86_ G. W. F. Hegel, *Phänomenologie des Geistes, in: ders., Werke*, Bd. 3, Frankfurt(M.) 1970, 75쪽.

개연적인 또는 필연적인 진보의 이념은 그 발전의 근원이 예술, 기술 공학, 인류의 지식과 자유의 영역에서 전체적으로 드러나게 될 것이고 확신한다. (…) 그러나 고질병은 이미 시대정신 안에 내재해 있다. 반동적인, 게다가 보수적인 입장 혹은 유토피아로 시대정신을 표현하고는 있지만 새로운 전망을 열 수 있는 긍정적인 방향에서 시대정신이 표현되지 않고 있다."[87]

개인적인 성장이나 발전과정에서 본다면, 료따르는 전체 급진파 세대들의 정치적이고 지적인 전환을 대표하는 전형이라고 할 수 있다. 1950년대와 1960년대에 그는 급진적 잡지 〈사회주의인가 야만인가〉(Socialisme ou Barbarie)의 공동 발행인이기도 했다. 그는 1968년 5월 사건에도 적극적으로 참여했던 행동주의자이기도 하다. 1968년 이후 드골주의를 신봉하는 정권이 정치적으로 안정되면서 료따르는 진보의 계몽주의적 이념으로 무장해서 '실패한 메타 이야기하기'로 일컬어졌던 맑스주의에 저항하기 시작한다.

포스트모더니스트들은 끔찍한 최근의 역사를 '사유에서 실패한 것'으로 이해하려 했기 때문에 계몽주의에서 벗어났던 반이성주의적 전통을 받아들였던 그들의 입장에서 볼 때, 최근의 역사는 아무런 거대한 진보도 이루지 못한 것이다. 바로 이 지점에서 하이데거주의자, 포스트모더니스트, 해체주의자 그리고 신실용주의자들은 그들의 공통적인 지반을 찾고 있다. 이러한 모든 철학적 경향들은 전통적인 개념의 사유, 즉 '철학' 또는 '학문'이라고 부르는 것을 거부한다. 그렇다면 이처럼 서로 다른 철학적 전통들이 하이데거가 "개념적인 것보다 더

87_J. -F. Lyotard, "Notes on the Meaning of 'Post'", in: Thomas Docherty(Hg.), *Postmodernism a Redader*, New York, 48쪽 이하.

엄밀한 (…) 사유"라고 생각하는 것에 일제히 경도되었던 이유는 무엇일까?[88]

서로 다른 철학적 전통들은 지난 2,500년 동안 서양철학을 특징지었던 '합리성'(Rationalität)을 매우 의심스러운 모델로 인식하고 있으며, 그 모델을 극복하는데 도움이 될지도 모를 이데올로기적 참고서를 바로 하이데거의 철학에서 찾았던 것이다. 하이데거는 데리다, 로티 그리고 철학사를 체계적으로 비판하는 다른 많은 사람들에게 '근거에 저항하는 성향을 가지고 시작하는 방법'이라는 자양분을 공급해 주었다. 하이데거가 "오늘날의 세계위기에서는 보다 적은 철학자가 필요하지만 사유에서는 더 많은 신중함이 필요하며, 보다 적은 문학이 필요하지만 자모에 대한 더 많은 보호가 필요하다"고[89] 표현했을 때 포스트모더니스트, 해체주의자 그리고 실용주의자들은 서구적 사유의 최종 국면에 대한 이러한 하이데거의 사유를 아주 엄숙하고 진지하게 받아들였던 것이다.

이러한 의미에서 신실용주의자 로티는 하이데거의 사유와 동일한 결론에 이른다. "만일 철학이 사라진다면 종교적 영감이 근절된 어떤 핵심적인 것이 없어진 것처럼 철학적 표현으로 지적 존경을 받고 있는 후보들 중에서 서양의 지적 삶에 핵심 역할을 수행했던 무엇이 사라지게 될 것이다. 그러나 계몽주의는 계승되었던 것이 더 나았다고 생각한다. 실용주의자는 계몽주의에 의해 형성된 '과학적', 실증주의적 문화에 따르는 것이 더 나을 것이라고 기대한다."[90] 로티는 이러한

88_ M. Heidegger, *Über den Humainsmus*, Frankfurt(M.) 1949, 41쪽.

89_ Heidegger(1949), 47쪽.

90_ R. Rorty, *Consequences of Pragmatism - Essays 1971~1980*, Minneapolis 1982, XXXVIII.

주목할 만한 고백을 통해서 그 스스로 서구의 사유에서 총체적 변화를 일으켰던 근본적인 '사회적 정언명령'을 설명하고 있다. 그는 서구의 사유를 경유하게 된 불쾌감을 다음과 같이 기술하고 있다. "서구의 사유는 우리가 자본주의를 더 원하지 않고 암묵적으로 사회주의를 포기한 이래 -맑스가 끝난 이래 하이데거와 니체를 대안으로 삼은 유럽과 미국의 지식인들이 움켜진 사회- 정치적 염세주의에 관심을 갖는다. 흔히 스스로를 '포스트모더니즘'이라고 부르는 이러한 염세주의는 서구의 최근 역사를 특징지었던 더 큰 자유와 평등에 대한 희망이 어떤 식으로든 철저하게 자기 기만적이었다는 확신에서 이루어졌다."[91]

여기서 우리는 로티가 과거의 진보주의자에서 1920년대 독일의 반동 보수주의자인 하이데거의 철학적 이념으로 변해가는 지성적 몫을 증언하고 있음을 확인할 수 있다. 미국에서 데리다와 프랑스 포스트모더니즘에 대해 예외적으로 우호적인 것은 여러 관점에서 프랑스 지식인의 경험과 유사하게 진행되었던 지난 30년간의 일련의 역사과정을 통해서 설명할 수 있을 것이다. 거기서 우리는 1960년대와 1970년대 초의 저항정치의 격렬했던 날들을 1980년대 레이건 정부의 신자유주의의 등장으로 막을 내린 문화적-정치적 풍경에 자리를 내주었을 때 드러났던 냉엄한 현실인식을 생각해 볼 수 있을 것이다.

그럼에도 불구하고 하이데거, 데리다 그리고 로티가 심사숙고한 새로운 '사유'의 내용은 도대체 무엇인가? 사실 하이데거, 로티, 료따르 그리고 데리다의 작품에서 이러한 새로운 '사유'가 무엇이며, 그 사유에 근거해서 객관적인 세계를 개념적으로 이해하려는 것은 쓸데없는

91_ R. Rorty, "Heidegger, Kundera and Dickens", in: der., Essays on *Heidegger and Others*, Philosophical Papers, Bd. 2, Cambridge 1991, 67쪽.

짓이다. 기껏해야 우리가 주목할 만한 것은 세계에 대한 직관적인 미학적 관점을 지식의 새로운 패러다임으로 제시한 시인들과 다른 예술가들의 작품들뿐이다. 이러한 패러다임은 전통적인 철학적 물음에서 횔더린의 시작(詩作)에 대한 숙고에 이르기까지 후기 하이데거의 '전향'을 설명해주는 경향일 뿐이다. 우리는 하나의 유사한 경향을 포스트모더니스트들과 신실용주의자들의 작품에서도 감지할 수 있다. 예를 들면 데리다는 철학적 구상을 문학 텍스트의 형식으로 새롭게 정의하려고 하고, 로티는 병약한 철학자들을 희생시키면서 '온순한' 소설가를 칭찬하고 있다.[92]

어떤 식으로든 신뢰할 수 있는 '원전'으로, 보다 덜 변질된 입장으로의 복귀를 의미하는 '근원사유'를 가리키는 하이데거의 주장은 사실 철학사에서 보면 결코 '새로운 것'이 아니다. 하이데거의 주장은 '특수한 것'이 '보편적인 것'과 결합하는 개념들의 간접적인 순서보다는 직접적인 직관이 지식에 대한 확실한 근거를 묘사한다는 주장의 변종일 뿐이다. 철학은 보편적인 것에 영향을 받지 않는 특수한 것을 파악하려는 시도를 -'감각 지각'으로서 이해되는지 또는 신적인 것에 이르는 신비적인 통로로서 이해되는지- 수백 년 동안 추구해 왔다. 헤겔 역시 비판적 사유를 거부했던 동시대의 '직관주의자들'에게 힘들게 답변해야만 했다. 그는 이러한 사상가들에 대항하면서 "언표될 수 없는 것으로 지적돼야만 할 것은 오직 허위적이고 비이성적인 것 그리고 단지 염두에 두고 있는 그런 것에 지나지 않는다"고 주장한다.[93]

92_ "소설가들에게 가장 중요한 것은 그들이 이론가들과 비교해서 적절하게 세부적이라는 것이다"(Rorty(1991), 81쪽).

93_ Hegel(1970), 92쪽.

이러한 입장은 철학을 벗어나는 하이데거의 '사유'에 대해 철저하게 종지부를 찍는 것이다. 하이데거의 '사유'는 후(後)철학적이 아니라 전(前)철학적이다. 이런 의미에서 본다면, 우리는 형이상학의 발생, 즉 학문이 신화와 종교와 구별되기 전에 선행했던 사유의 역사시대로 되돌아가는 것보다 더 형이상학의 역사를 극복하지 못하고 있는 것이다. 하이데거가 태고로 되돌아가는 과정에서 실행한 '과장'과 '월권'은 그에 대한 최초이자 가장 날카로운 비판가인 아도르노(Th. W. Adorno)에 의해 이미 적나라하게 밝혀진 바 있다. 아도르노는 하이데거 사유에 숨겨진 가정을 '태고적인 것(Archaischem)과 순수한 것(Echten)의 동일화'라고 강조한다. 아도르노는 이러한 생각을 자세하게 다음과 같이 쓰고 있다. "하이데거가 우쭐댔던 바와 같이, 사이즈의 진부성은 명목상 심문하는 사유에서 떨어져 나갔으며 가장 고결한 것으로 현시되었던 반면에 자기를 상실하는 사유의 맹목적 가치에 전가할 수 있는 것은 아니다. 오히려 사이즈의 진부성은 하이데거 자신이 추상으로 위장한 것에서 가까스로 벗어날 수 있었던 가장 단순한 말 그 자체에 있는 모든 정돈된 사유의 경계석이다."[94]

그렇다면 이러한 '사유' 방식으로부터 나오는 결과는 도대체 무엇인가? 직접적으로 알 수 있는 것은 '친한 친구'에게 데리고 가는 것이다. 여기서 말하는 '친한 친구'는 우리가 입증된 것, 자명한 것으로서 진실로 받아들이는 것이다. 친한 친구는 계급에 대해 역사적으로 깊게 '뿌리박고' 있는 가정과 선입견의 영역, 즉 친구들과 동료들에게 수용되었고 그 때문에 '친한 친구'의 영역을 이루는 일상적인 삶의 모든 공

94_ Th. W. Adorno, *Jargon der Eigentlichkeit - Zur deutschen Ideologie*, Frankfurt(M.) 1970, 45쪽.

리들이다. 따라서 직관주의자는 역사적으로 뿌리박은 자기시대와 자기공간의 이데올로기의 노예인 반면에 모든 독단과 편견을 극복하는 전체시대를 사유한다. 하이데거에 있어서 '친한 친구'는 반동 보수의 이데올로기를 고수하는 것과 강하게 결합되어 있다. 그는 공동의 운명을 가진 민족에 관한 신화와 자유주의자와 사회주의자의 조국 배신에 대한 신화를 함께 공유하고 있다.

포스트모더니스트들과 신실용주의자들의 동시대적 집단들에서도 오늘날 지식인들의 공동재산으로 간주되고 공급되는 품목을 찾아 볼 수 있다. 그것은 첫째, 합리적(이성적) 담론은 복잡성과 포스트모던 사회의 뉘앙스를 포괄할 능력이 없다. 둘째, 진보에 대한 생각은 역사에서 증명될 수 없다. 이것은 인류를 위하여 기술공학을 사용할 수 있는 가능성과 관련해 볼 때, 전형적으로 회의주의의 감정과 밀접하게 결합되어 있다. 셋째, 이제 노동계급은 어떠한 혁명적 역할도 수행할 수 없다. 소수의 포스트모더니스트들은 노동계급에다 다른 집단을 대립시킨다. 물론 여기서 말하는 다른 집단은 사회의 혁명적 변화의 가능성에 대한 희망이 없다. 더욱이 이 다른 집단은 재차 현대사회에서 노동계급의 실존을 부정한다. 넷째, 그럼에도 불구하고 현대사회에서 사회주의에 대한 전망이 종결되었다는 확신은 모두에게 공통적이다. 이러한 사실로부터 맑스주의는 희망 없는 유토피아적 꿈 내지 희망으로 이해된다. 이러한 최종적 확신 내지 신념은 포스트모더니즘, 해체주의 및 신실용주의를 나타내는 모든 명암에 의해 무비판적으로 차용되었다. 이 최종적 확신은 새로운 독단을 주장하는 자에 의해 눈에 띄지 않게 새로운 독단의 권력을 갖는다.

여기서 오해를 미연에 방지하기 위해 미리 말해 둘 것은 오늘날의 하이데거 옹호자나 추종자들은 -놀테와 같은 별로 주목할 거리가 없는 예외적 인물도 있지만- 파시즘의 옹호자 내지 후원자가 아니라는 사실이다. 그들이 하이데거에게서 유심히 보고 있는 것은 '이성적 사유'의 역사에 대한 하이데거의 전면적인 공격이다. 하이데거와 같이 그들도 서구 형이상학으로부터 악 영향을 받기 전 단계인 '신화적인 과거'로 복귀하려고 한다. 헤겔의 말처럼 '보편자를 멀리하는' '근원사유'의 정치는 인류의 객관적이고 보편적인 관심을 희생으로 삼아 직접적인 것과 불완전한 것을 주장하는 정치에로 아무런 저항 없이 나아간다. 포스트모더니스트들이 주관적으로 지각된 특수한 관심들 -예컨대 성별, 인종 또는 게다가 이웃과 같은-, 즉 '동일성의 정치'에 대해서로 다른 모습으로 후원자가 된 것은 결코 우연이 아니다. 그들은 보편적이고 객관적인 계급 관심에 기초하고 있는 모든 정치에 반대한다. 이것은 신화적 '민족공동체'의 실재성을 주요 원리로 삼은 후에 정치적 입장으로 표명되었던 1920~1930년대 하이데거 입장의 또 다른 변종일 뿐이다.

결론적으로 우리는 하이데거가 왜 수많은 사람들에 의해서 20세기의 가장 위대한 철학자로 간주되었는지를 다시 한번 물어 볼 필요가 있다. 우리는 왜 철학자들과 파시즘에 전혀 동조하지 않았던 사람들이 하이데거의 저작을 매혹적인 것으로 생각하고 있는지 몇 가지 근거를 들어 해명할 수 있을 것이다. 먼저 하이데거의 저작은 철학사와 그 철학사의 문제들과 매우 친숙한 관계를 보여준다. 실제로 하이데거는 철학사를 매우 이례적으로 해석하고 있지만 근본적으로 그의 사유내용은 심오한 것도 독창적인 것도 아니다. 그리고 하이데거의 철학은 우리의 시대상에 스며있는 '허무주의' 정신의 대안으로 감지된 시대적 결함에서 발생했던 것이다. 그 결과 하이데거는 200년 동안 외쳤던 다른 그 어떤 사람들보다도 더 큰 목소리를 허무주의 정신에 제공할 수 있었던 것이다.

허무주의 정신은 내쫓아야만 하는 정신이다. 허무주의의 반대, 즉 희망과 평등의 정신은 계몽에서 시작된다. 여기서 우리는 그 자신 바로 나치의 희생자였던 발터 벤야민(Walter Benjamin)의 말로 결론을 대신할 수 있을 것이다. 파시스트 미학을 칭송했던 윙거의 소설 『전쟁과 병사』에 대한 비평에서 벤야민은 다음과 같이 쓰고 있다. "독일은 그에게 저항하는 전열의 메두사 같은 구조물을 돌파하기 전에는 미래를 기대할 수 없다. (…) 그렇지만 우리는 언어와 이성이 끊임없이 공급하는 모든 빛을 모든 '근원적 체험'으로 향하게 할 수 있다. 이러한 세계적 죽음의 신화는 헤아릴 수 없이 많은 초라한 개념의 받침대에 의지해서 모든 근원적 체험의 흐릿한 암흑으로부터 새나온다. 이 빛 속에서 드러나는 전쟁은 새로운 독일인이 간절히 원하는 '영원한 것'이며 마찬가지로 평화주의자들이 떼지어 몰려드는 '최종적인 것'이다. 실제로 전쟁은 민족의 무능을 수정하고 기술을 통해서 필연적으로 자연과 관계하는 것에 상응해서 민족관계를 정리할 수 있는 처음이자 마지막 끔찍한 기회일 뿐이다. 교정이 실패한다면 엄청난 수의 인육이 가스와 쇳덩어리에 의해 토막이 나고 부식되겠지만 -민족관계는 그것을 절대적으로 필요로 하게 될 것이다- 배낭 속에 불평을 매고 다니는 그 자체 저승의 공포의 밤과 같은 상황은 기술에 의해 파멸의 우상을 소유한 것이 아니라 별로 호기심도 없고 객관적이지도 못한 채 행운의 열쇠를 소유한 후손들에게 자연이 약속하는 것 중에 십분의 일도 경험할 수 없도록 할 것이다."[95]

95_ W. Benjamin, *Theorien des deutschen Faschismus*, in: ders., *Gesammelte Schriften*, Bd. 3, Frankfurt(M.) 1972, 249쪽 이하.

Martin

Martin Heidegger

제 3 장

하이데거 철학의 생활세계와 실존론적 분석의 문제

하이데거 철학
삐딱하게 읽기

-『존재와 시간』에 대한 정치철학적 해석-

제3장

하이데거 철학의 생활세계와 실존론적 분석의 문제

1. 하이데거의 생활세계 문제

생활세계 개념은 후설(E. Husserl)이 처음으로 도입해서 사용한 이래 오늘날 현대철학 담론에서 여전히 중요한 논제 중의 하나이다. 무엇보다 현대철학 담론에서 중요한 개념은 '생활세계'(Lebenswelt)와 '반성'(Reflexion)이다. 생활세계와 반성의 관계는 한편으로 생활세계적, 즉 선이론적이고 선학문(과학)적인 배경지식이 이론적 반성수행에 영향을 미치고, 다른 한편으로는 그러한 반성적 절차의 틀 내에서 생활세계에 대한 방법적 포착을 가능케 한다. 그 결과 바로 이러한 방법적 포착과 더불어 '생활세계의 의미구조'들이 적절하게 파악될 수 있는 것이다.

이처럼 철학적 반성이론은 그들의 대상영역에 이르는 방법적 통로를 명료히 하는 한편, 다른 한편으로 생활세계적 이해와 이론적, 학문적(과학적) 반성 간의 대립적 상관관계를 마련해 준다. 그래서 '반성'은 새로운 철학의 핵심적 '방법' 개념으로 간주된다. 선이론적 생활세계를 주제화하고, 구조화하며 그리고 재구성하는 것은 오직 반성력에 의해서만 가능하다. 때문에 여기서는 '강한' 반성 개념이 필요한데, 이 반성은 인식 주체와 인간 인식의 '더 이상 거슬러 올라 갈 수 없는'(unhintergehbar) 원리와 관련하는 것으로 이해되기 보다는 -이러한 관련은 데카르트(R. Descartes)와 칸트(I. Kant)의 전통에서 '자기반성'의 형식으로 수행된다- "주제화 방식의 구조"로[96] 이해되어야 한다. 만일 '반성적'으로 생활세계의 구조들을 주제화한다면 거기서는 언제나 주제화 방식 자체를 주제화하는 것이다. 이러한 의미에서 반성 개념은 언제나 철학의 핵심적 방법개념으로 이해되어야 한다.

필자가 생각하기에, 이러한 생활세계와 반성 개념의 관계는 하이데거(M. Heidegger) 철학에서도 매우 중요한 역할을 하는데, 특히 하이데거가 생활세계를 '문제화'하고 있는 한 그는 반성적으로 생활세계와 관계하고 있는 것이다.[97] 그렇다면 하이데거의 철학에서 생활세계의 주제화는 어떻게 가능한가? 바로 이 물음에 대한 설득력 있는 답변을 발견하려는 것이 이 글이 의도하는 근본적인 목적이다.

만일 우리가 상호주관적 타당성의 문제에 따른 입장에서 하이데거의 생활세계 개념을 고찰한다면 하이데거가 우리에게 지시하는 것은 기초분석에 대한 상호주관적으로 검증가능한 평가기준과 타당성기준이기 보다는 '세계-내-존재'의 구조에서 인식의 기초를 부여하는 것임을 확인해야만 한다. 그러므로 필자는 이 타당성의 문제를 하이데거

96_ H. Schnädelbach, *Reflexion und Diskurs, Fragen einer Logik der Philosophie*, Frankfurt(M.) 1977, 36쪽 이하.

97_ 필자는 하이데거의 철학에서 생활세계와 반성 개념이 매우 중요하며, 무엇보다 하이데거 자신이 '생활세계 개념을 문제화하고 있다'는 테제와 관련된 국내 하이데거 논문을 아직 발견하지 못했다.

의 '실존론적-존재론적' 설명영역과 관련시키고자 한다. 이 일에서 중요한 문제는 '세계-내-존재의 구조'에 대한 '기초존재론적 진술의 타당성' 여부이다. 타당성의 문제에 속하는 방법적 인식은 세계-내-존재의 '기초부여된' 내지 '정의된' 양태이다. 하이데거에 따르면, 타당성의 문제는 '현존재의 근원적 규정'의 결과로 돌려져야 한다. 그럼에도 정의된 양태는 하이데거에 의해 정의되지 않은 양태의 설명을 위해서 사용된다. 따라서 '하이데거의 철학에서는 실존론적-존재론적 분석의 가능성의 조건에 대한 타당성반성과 전반적으로 언어적 이해의 타당이론적 근거지음이 결여되어 있다'는 테제가 엄밀하게 논증되어야 할 것이다.

언급된 테제를 증명하기 위해서 필자는 먼저 하이데거의 근본물음과 생활세계 그리고 실존론적 분석의 의미를 논의의 주제로 삼을 것이다. 그런 후에 하이데거 철학에서 생활세계의 의미영역을 재구성하기 위해서 우선 하이데거의 의미설명적 기술주의를 살펴 본 뒤에, 생활세계의 의미영역을 고찰할 것이다. 마지막으로 생활세계, 실존론적 존재론 그리고 타당성반성에 대한 물음을 논증할 것이다.

2. 하이데거의 근본물음, 생활세계 그리고 실존론적 분석의 의미

하이데거의 사유에서 생활세계의 문제가 핵심적인 역할을 한다는 것은 누가 보더라도 언뜻 이해할 수 없는 것처럼 보일 것이다. 그럼에도 우리는 '생활세계'라는 용어를 하이데거의 『존재와 시간』(Sein und Zeit)에서 찾아 볼 수 있으며, 『존재와 시간』 이후의 저작에서는 결코 발견되지 않는다.[98] 그러나 실제로 하이데거가 『존재와 시간』에서 명시적으로 공식화한 근본물음은 "존재의 의미"에 대한 물음이다.[99] 때문에 우리는 이처럼 겉으로 보기에 매우 혼란스러운 출발상황에 직면해서 우선 몇 가지 물음을 제기할 수 있다. 첫째, 하이데거는 도대체 어떻게 '존재물음'에서 생활세계의 분석에 도달하는가? 둘째, 생활세계의 분석은 '존재의 의미'에 대한 근본물음과 관련해서 어떤 역할을 하는가? 마지막으로 하이데거의 전문용어에서 '생활세계'와 개념적으로 대등한 용어는 도대체 무엇인가?

하이데거에게 존재물음은 그 어떤 철학적 물음이나 철학 이전의 물음들보다도 '우선'한다. 그에게 있어 존재물음은 "기초적 물음"이다.[100] 존재물음은 철학적 전통에 있어서도 특별한 지위를 누린다. 전통철학에서 존재는 "'가장 보편적인' 개념이다";[101] "'존재'라는 개념은 정의될 수 없다";[102] "'존재'는 자명한 개념이다."[103] 그러므로 "모든 인식함에, 발언함에, 존재자에 대한 모든 개개의 행동관계에, 자기 자신에 대한 모든 개개의 관계맺음에 '존재'는 사용"되고 있다.[104] 하이데거에 따르면, 존재물음을 더 정확히 완성하고자 한다면 우리는 이러한 물음을 제기하는 자이며, 그것은 우리 자신이라는 것을 -묻고 있는

98_ R. Welter, *Der Begriff derr Lebenswelt. Theorien vortheoretischer Erfahrungswelt*, München 1986, 219쪽 참조.

99_ Heidegger(1972), 2쪽 이하.

100_ Heidegger(1972), 5쪽.

101_ Heidegger(1972), 3쪽.

102_ Heidegger(1972), 4쪽.

103_ Heidegger(1972), 4쪽.

104_ Heidegger(1972), 4쪽.

자- "투명하게 만들어야"만 한다.[105] 우리는 이러한 "존재자, 즉 우리들 자신이 각기 그것이며 여러 다른 것들 중 물음이라는 존재가능성을 가지고 있는 그런 존재자를 '현존재'라는 용어로 파악"한다.[106] 이처럼 존재물음으로 나아가는 길에는 본래적인 주제인 존재물음을 위해 예비적 성격을 갖는 '현존재의 분석론'이 있다.

현존재의 근본구성틀은 '세계-내-존재'(In-der-Welt-sein)이다. 현존재는 이미 세계와 '친숙'해 있다. 현존재는 상황전체의 개방성 속에서 실존한다. 하이데거의 『존재와 시간』에서 '생활세계'와 개념적으로 대등한 개념은 '세계-내-존재'이다. 우리가 "현존재를 분석한다는 것은 자신의 세계-내-존재를 분석"하는[107] 것이다. 다시 말하면 우리는 "생활세계를 분석"하는 것이다.[108] 후설의 생활세계와 하이데거의 세계-내-존재는 "서로 일치하는 개념들"이다.[109] 존재의 의미는 오직 세계-내-존재로서의 현존재의 분석, 즉 생활세계의 분석을 지반으로 해서만 밝혀진다. 그렇다면 이러한 분석과 하이데거 전체 철학의 '반성적 주제화'와 '재구성'은 도대체 어떤 역할을 하는가?

이러한 물음에 대한 자명한 답변은 '철학적 반성이 인식이론에 속한다'는 것이어야 할 것이다. "인식함" 일반은 "세계-내-존재의 한 존재방식이며, 그것은 자신의 존재적인 기초를 이 존재구성틀에 가

105_ Heidegger(1972), 7쪽.

106_ Heidegger(1972), 7쪽.

107_ G. Brand, *Die Lebenswelt. Eine Philosophie des konkreten Apriori*, Berlin 1971, 118쪽.

108_ Brand(1971), 118쪽.

109_ F. -W. von Hermann, "Lebenswelt und In-der-Welt-sein", in: Ders., *Subjekt und Dasein. Interpretationen zu 'sein und Zeit'*, Frankfurt(M.) 1974, 44쪽.

지고" 있다.[110] 하이데거는 "인식함 자체가 선행적으로 일종의 이미-세계-곁에-있음 안에 근거"하고 있음을 강조한다.[111] 그래서 "기분"(Stimmung)은 현존재가 "모든 인식과 의욕에 앞서" 열어 밝혀져 있고[112], "처해 있음"(Befindlichkeit)은 "반성되는" 것이 아니라 "무반성적으로 배려된 '세계'에 몸을 내맡기며 내던지면서" 현존재를 "덮친다."[113] 하이데거는 "'내면'을 반성하며 파악하는 것"에 대해서 경계를 긋고, 기분 속에서 모든 반성에 앞서 있는 근원적인 현존재의 '열어밝혀져 있음'(Erschlossenheit)을 나타내려고 한다.[114] 이러한 기분 속에서 현존재의 앞서 열어 밝혀져 있음은 "무엇에로 향함을 처음으로 비로소 가능하게" 한다.[115] 모든 반성적-방법적 인식은 인식하려는 것의 열어 밝혀져 있음을 전제한다. 현존재가 이미 열어 밝혀져 있을 때에만 현존재, 즉 생활세계에 대한 '존재론적 분석'이 가능하다.

현존재의 존재론적 연구는 열어 밝혀져 있음을 이루는 세계-내-존재 구조를 반성적-방법적-개념적으로 설명하는 것이다. 그러나 열어 밝혀져 있음은 그 자신 모든 반성적-방법적 설명의 '전제'이다. 기초존재론(Fundamentalontologie)의 과제는 항상 세계-내-존재와 특별히 세계-내-존재의 반성적-방법적 설명에서 전제된 존재이해를 의식하는 것을 밝게 파헤치는 것이다. 다르게 표현한다면, 기초존재론은 먼저 세계-내-존재의 구조를 '개념적'으로 설명하고자 한다. 거기서

110_ Heidegger(1972), 61쪽.
111_ Heidegger(1972), 61쪽.
112_ Heidegger(1972), 136쪽.
113_ Heidegger(1972), 136쪽.
114_ Heidegger(1972), 137쪽.
115_ Heidegger(1972), 137쪽.

실존적-존재적 존재이해는 실존론적-존재론적 존재이해로 바뀐다. 그러나 다른 한편, 기초존재론은 이러한 개념적 설명의 '방법적' 전제들 역시 명료하게 드러내고자 한다. 여기서 중요한 것은 "존재자를 확정하는 것이 필요할 뿐만 아니라, 또한 이 존재자에게로 가는 올바른 접근양식을 분명하게 획득하여 확보하는 것도 요구"된다는 점이다.[116] 그러므로 기초존재론은 존재적 이해, 존재자의 존재론적 확정, 그리고 이 존재자에게로 가는 올바른 접근양식을 분명하게 획득하여 확보하는 것의 기초가 되는 존재이해를 명료하게 드러내야 하는 것이다.

지금까지 논의된 것을 다시 간단하게 요약하면, 존재의 의미가 표현되는 본래적 존재이해는 -하이데거가 "존재론 이전의 존재이해"라고도[117] 부르는- 존재적 존재이해의 가능성의 전제 내지 조건일 뿐만 아니라 현존재 분석에서 드러나는 존재론적 존재이해의 가능성의 전제 내지 조건이다. 그러나 현존재의 존재론적 분석은 존재적-실존적 존재이해에 근거한다. 즉 특정한 방식에 의해 존재적-실존적 존재이해를 전제한다. 이와 달리 존재론적 분석은 실존론적-존재론적 현상들에 본래적인 의미를 부여한다. 존재적인 것은 존재론적인 것으로 바뀌어야 하며, 더군다나 존재적인 것에서 기초부여되어야 한다.

이제 우리는 상이한 의미영역 간의 매우 복잡한 '기초부여 관계'(Fundierungsverhältnis) 내지 '의존관계'(Abhängigkeitsverhältnis)를 『존재와 시간』에서 발견할 수 있다. 물론 필자는 이러한 관계에 대한 설명을 이 글의 4장에서 자세히 다룰 것이다. 분명한 것은 전제들, 가능성의 조건들 그리고 기초부여 관계들에 대해서 묻고 있는 하이데거

116_ Heidegger(1972), 15쪽.

117_ M. Heidegger, *Die Grundprobleme der Phänomenologie*, hrsg. von F. -W. von Herrmann, Frankfurt(M.) 1975, 398쪽.

의 철학에서 반성적 관련(주제화)과 반성적 분석의 가능성이 요구된다는 것이다. 기초존재론적 사유의 경우에 중요한 것은 아주 "특수한 방식의 반성"이다.[118] 기초존재론자는 존재물음을 완성하기 위하여 세계-내-존재의 구조, 즉 생활세계의 구조를 반성한다. 말하자면 기초존재론자는 자기 반성하기, 즉 '해석학적 순환'의 전제들을 반성한다.

이 지점에서 필자는 '반성성'(Reflexivität)이 철학적 인식 일반처럼 현존재의 기초부여된 양태일(즉, 반성성은 기초부여된 양태라는 방법적 특징을 갖는다) 뿐만 아니라 이미 현존재의 실존적 구성틀 속에 들어있음을 하이데거의 논증을 통해 언급하고자 한다. 하이데거에 따르면, "현존재의 존재구성틀에는 현존재가 그 존재에서 이 존재와 일종의 존재관계를 가진다는 사실"이 속한다.[119] 현존재는 "그 존재함에서 바로 이 존재함 자체가" 문제가 된다.[120] 현존재가 "이렇게 또는 저렇게 관계를 맺을 수 있고 또 언제나 어떻게든 관계 맺고 있는 존재 자체"를 우리는 "실존"이라고 부른다.[121] 그러나 "실존의 물음"은 "현존재의 존재적 '용건'"이다.[122] 그 자체 이 존재로 이미 결정된 현존재의 자기이해는 자기 자신의 실존적 이해를 형성한다. 그러나 이러한 이해를 위해서는 "실존의 존재론적 구조가 이론적으로 투명해야 할 필요"는 없다.[123] 따라서 바로 이러한 자기이해에서 이미 실존적-존재적 반성성이 드러나고 있는 것이다.

118_ M. Brelage, *Studien zur Transzendentalphilosophie*, Berlin 1965, 199쪽.
119_ Heidegger(1972), 12쪽.
120_ Heidegger(1972), 12쪽.
121_ Heidegger(1972), 12쪽.
122_ Heidegger(1972), 12쪽.
123_ Heidegger(1972), 12쪽.

실존적-존재적 반성성은 현존재가 명시적으로 자기 자신과 관계하지 않더라도 확정되어 있다. 그리고 현존재는 오직 존재적-실존적으로만 반성적이기 때문에 실존론적-존재론적 영역에 의해 반성성이 주어진다. 현존재의 "존재에 대한 모든 개개의 존재론적으로 명확한 물음은 현존재의 존재방식에 의해서 이미 예비되어" 있다.[124] 현존재는 자기 자신과의 관계를 "현사실적으로 언제나 이미 특정한 실존적 가능성들에서"[125] 가진다. 현존재는 자신을 "이론적-주제적으로 개념파악하지는 못해도 나름의 '함의내용'"을[126] 가지고 있다. 따라서 현존재가 자신을 명시적-주제적으로 파악한다면 우리는 현존재의 실존론적-존재론적 이해에 관해 말할 수 있다. 비로소 바로 이 지점에서 반성적-주제적 "자기해석"의[127] 가능성이 주어진다.

또한 하이데거는 "투명성"(Durchsichtigkeit)이라고 이름하는 실존과 관계되는 "시야"(Sicht)에[128] 관해서 언급한다. 시야는 현존재의 "열어밝혀져 있음"을 실존론적-주제적으로, "이해하면서 장악하는 것"을[129] 말한다. 여기서 드러나는 자기반성은 존재적-실존적 자기이해가 아니라 "본질적인 구성틀의 계기를 두루 관통해서"[130] 실존론적 이해에 근거하는 현존재의 포착으로 이해되어야 한다. '반성성'은 실존적-존재적 영역뿐만 아니라 실존론적-존재론적 영역에서도 '현존재'에 속한다. 그러나 반성성은 오직 실존론적-존재론적 영역에 의해

124_ Heidegger(1972), 312쪽.
125_ Heidegger(1972), 312쪽.
126_ Heidegger(1972), 312쪽.
127_ Heidegger(1972), 312쪽.
128_ Heidegger(1972), 146쪽.
129_ Heidegger(1972), 146쪽.
130_ Heidegger(1972), 146쪽.

서만 '방법적' 역할을 한다. 따라서 우리는 이러한 생활세계의 의미영역을 '재구성'하기 전에 먼저 『존재와 시간』에서의 하이데거의 '방법'(Methode)을 특징지을 필요가 있다.

3. 하이데거의 의미설명적 기술주의

하이데거의 반성적 방법은 '실존론적 분석론'(existenziale Analytik)이다. 다시 말하면 실존론적 분석론은 "모든 다른 존재론적 해석 일반과 마찬가지로, 앞서 이미 열어밝혀진 존재자만을 그것의 존재에 대하여 캐물어볼"[131] 수 있는 것이다. 존재론적 해석은 "앞에 주어져 있는 존재를 그것에 고유한 존재로 기획투사하여 그 존재를 그것의 구조와 관련해서 개념으로 이끌려고"[132] 하는 것이다. 때문에 현존재의 실존론적 분석론은 세계-내-존재를 개념적-존재론적으로 설명해야 한다. 우리는 생활세계적 현상과 언제나 친숙하지만, 친숙한 상태는 우선 우리에게 의식되지 않고, 함축적이며 비주제적이다. 때문에 실존분석을 통해 그것을 처음으로 의식적-주제적으로 만들어야 한다. 말하자면 '개념적'으로 설명해야 한다. 존재론적 해석은 이미 비주제적으로 수행되었거나 혹은 이해된 '어떤 것'에 대해 묻는다. 하이데거는 『존재와 시간』에서 이러한 개념적-주제적 접근양식을 '현상학'(Phänomenologie)이라 이름하며, "제시와 설명의 양식에 속하고 그러한 탐구에서 요구된 개념성을 이루고 있는 그 모든 것을 '현상학

131_ Heidegger(1972), 139쪽.
132_ Heidegger(1972), 312쪽.

적'"이라고[133] 부른다. 현상학이 존재자의 존재와 하나의 존재이해를 가진 그와 같은 존재자에 대해 묻는다면 그것은 '현상학적 존재론' 내지 '기초존재론'이다. 따라서 기초존재론으로서의 현존재 분석은 근원적인 존재이해의 설명, 즉 세계-내-존재의 해석이다.

지금까지의 논의 과정을 통해 현존재를 구성하는 세계친숙성(Weltvertraut) 속에서 세계-내-존재를 개념적-주제적, 존재론적-실존론적으로 해석하는 것이 가능해졌다. 실존론적 분석은 한편으로 "실존적으로, 다시 말해서 존재적으로 뿌리를 박고"[134] 있다. 그 때문에 "철학적으로 탐구하는 물음 자체"는 "각기 그때마다 실존하는 현존재의 존재가능성"이다.[135] 그러나 다른 한편 실존론적 분석은 존재적-실존적 존재이해를 설명하려고 하며, "존재적 가능성들을 그것들의 존재론적 가능성들에로 기획투사"하려고[136] 한다. 현상학자는 현존재의 근본구조를 밝힘으로써 "모든 존재론적 연구의 가능조건"을[137] 명료하게 드러낸다. 그런 의미에서 "현존재의 현상학은 해석학"이기도[138] 하다. 개념적으로 해석되어야 하는 것은 개념적 해석의 전제이다. 비록 모든 개념적-철학적이고 학문적(과학적)인 인식함과 그로 인한 모든 철학적이고 학문적인 방법론이 근원적인 이해의 기초부여된 양태라고 하더라도 하이데거의 기초존재론은 선이론적인 삶 혹은 더 나아가 인간적 삶의 운명을 아무런 방법론도 없이 표현하지 않는다. 더

133_ Heidegger(1972), 37쪽.
134_ Heidegger(1972), 13쪽.
135_ Heidegger(1972), 13쪽.
136_ Heidegger(1972), 312쪽.
137_ Heidegger(1972), 37쪽.
138_ Heidegger(1972), 37쪽.

욱이 학문성에 대한 주장은 현상학적 존재론의 방법적 의미에 속한다. 따라서 하이데거는 "존재 그 자체에 대한 학문"을[139] 요구한다.

하이데거 철학의 '방법적' 특징은 하이데거와 후설의 대결에서 분명하게 나타난다. 하이데거는 후설에게 보내는 저 유명한 편지에서 두 사람이 취하고 있는 입장들 중에서 서로 일치하는 부분을 먼저 강조한다. 두 사람이 일치하는 부분은 "'세계'라는 존재자는 그 자신의 선험적 구성 속에서 바로 그러한 존재방식에 대한, 즉 "세계의 존재방식"에 대한 존재자에로의 역행을 통해서 설명될 수 없다"는[140] 것이다. 우리가 기억하기로 후설의 현상학에서 구성하는 자아는 초월론적이다. 그런 자아는 세계에 속하지 않는다. 그러나 하이데거의 구성하는 자아는 후설과는 다른 의미를 갖는다. 후설의 구성하는 것은 (Konstituierende) -"초월론적인 것의 장소"로서- 존재자가 아닐 수 없다. 구성하는 것은 "무가 아니다. 즉 긍정적인 것의 의미에서는 아니긴 하지만 어떤 것이며 존재하는 것"이다.[141] 후설의 초월론적 자아는 정립된 것이다. 그러나 하이데거는 바로 이 지점에서 물음을 제기한다. 도대체 정립된 것은 어떤 의미에서 '존재'하는가? 후설의 "존재하는 것"(seiend)은 "세계적으로 존재하는 것"(weltlich-seiend)과 동일한 의미이다. 모든 존재자는 판단중지를 통해 괄호 안에 넣어지기 때문에 술어 '이다'(ist)와 결합된 정립도 괄호 안에 넣어져야만 한다.

하이데거는 정립, 즉 초월론적 자아와 더불어 언제나 하나의 '이다'가 전제되어 있음을 밝힌다. 초월론적 주체는 자기 자신을 구성한다.

139_ Heidegger(1972), 230쪽.

140_ E. Husserl, *Phänomenologische Psychologie*, hrsg. von W. Biemel, Den Haag 1962, 601쪽.

141_ Husserl(1962), 602쪽.

그러나 하이데거에 따르면, 이러한 자기구성은 존재정립 내지 존재테제를 함축하고 있다. 구성하는 주체는 존재하는 것이기도 하지만, 다른 의미에서는 세계적 대상들로서 존재하는 것이다. 인간 현존재의 존재방식은 다른 모든 존재자들과는 완전히 다르다. 실존론적 분석, 즉 기초존재론의 과제는 세계를 구성하는 존재자들의 존재방식을 밝히는 것이다. 그럼에도 하이데거에 따르면, 이러한 존재자는 무세계적(weltlos) 주체가 아니라 현사실적 자기, 즉 구체적인 인간이다. 초월론적 구성은 "현사실적 자기의 핵심적인 현존 가능성"이다.[142] 하이데거에 따르면, 이제 세계와 동떨어진 자아의 자리를 자신의 모든 것이 세계연관성 속에 있는 구체적인 인간이 대체한다. 구성을 수행하는 현사실적 현존재는 세계 '내'에 존재한다. 세계와 주체는 후설에서처럼 비켜서 있는 것이 아니라 현존재의 세계-내-존재로서 일치한다. 따라서 이제 현사실적 주체를 세계 구성의 초월론적 주체로서 그리고 세계 내에 존재하는 것으로서 사유하는 것이 가능하게 된다. 왜냐하면 "세계 개념은 내-존재(In-sein)의 방식들과 존재 개념들 일반의 방식들의 분화를 위해 개방되어 있기" 때문이다.[143]

그럼에도 우리가 -후설에 대한 편지에서 언급한 바와 같이- 구성하는 존재자들과 구성된 존재자들 간의 차이를 끌어들인다면 구성하는 것과 구성된 것은 존재자로 드러난다. 때문에 우리는 "구성하는 것 자체의 존재방식에 대한 물음을 (…) 피할 수" 없다.[144] 따라서 "보편

142_ Husserl(1962), 601쪽 이하.

143_ C. F. Gethmann, *Verstehen und Auslegung. Das Methodenproblem in der Philosophie Martin Heideggers*, Bonn 1974, 247쪽.

144_ Husserl(1962), 602쪽.

적으로 존재의 문제는 구성하는 것과 구성된 것과 관계"되어 있다.[145] 존재자 '구성하는 것'과 존재자 '구성된 것'의 차이에 직면해서 우리는 존재의 의미에 대한 물음을 제기할 수 있다. 말하자면 이러한 '차이'를 통해 존재물음이 '문제화'된다.

존재물음은 후설처럼 구성된 세계와 관계할 뿐만 아니라 인간 현존재의 구성하는 능력과도 관계한다. 그래서 우리는 하이데거의 기초존재론을 "주체의 구성연관 속에서 구성된 것과 구성하는 것의 보편적 종합에 관한 초월론적 학문"이라고[146] 부를 수도 있을 것이다. 이와 달리 후설의 존재론은 "구성된 것(즉 생활세계)의 보편적 형상학(Eidetik)에 대한 학문"이라고 할 수 있다.[147] 더욱이 후설은 직관적인 변화 속에서 간취된 '존재'를 인식하는 주체에 지향적으로 대립하는 '대상'들이라고 부른다는 점에서 전통적인 존재론 모델을 따르고 있다. 따라서 초월론적 현상학은 구성된 것(세계)이 어떻게 구성하는 것(초월론적 주체성)의 결과로 돌려지는지를 밝히는 학문이다.

하이데거는 후설의 판단중지와 환원을 포기하지만 주체성 '과' 세계의 근원적인 전제들, 즉 세계-내-존재와 존재의 의미로 되돌아감으로써 초월론적인 주체성을 구체적인 주체성으로서 주시한다. 그는 "구성하는 것(존재의 의미), 구성을 수행하는 것(현존재) 그리고 구성된 것(현존재에 일치하지 않는 존재자)"을[148] 구별한다. 현존재의 구성적 능력은 "자신을 정립하는 것으로서 정립하는 것이 아니라 자신

145_ Husserl(1962), 602쪽.
146_ Gethmann(1974), 50쪽 이하.
147_ Gethmann(1974), 50쪽.
148_ Gethmann(1974), 51쪽.

을 정립된 것으로서 정립하는 것"이다.[149] 그러나 현존재가 자신을 정립한다는 것은 -하이데거의 전문용어로 표현하면, '자신을 기획투사하는'- 마찬가지로 정립된 것('내던져져 있는')이다. 현존재는 기획투사하는 것(정립하는 것)으로서 모든 구성의 '근거'이다. 그러나 현존재는 이러한 근거를(정립되어 있음, 처해 있음, 내던져져 있음) 제어하지 못한다. 현존재는 "근거로서 그리고 근거로부터 현존"하는 것이다.[150] 말하자면 현존재는 "내던져져 있는 기획투사"이다.[151] 따라서 존재의 의미는 현존재가 마음대로 사용할 수 없는 '순수한 선험적인 것'이다.

필자가 생각하기에, 하이데거가 비록 아주 특별한 의미에서 초월철학자로 이해된다고 하더라도 그가 초월철학자임은 "존재를 초월로서 열어 밝히는 일은 모두 초월론적 인식이다. 현상학적 진리(존재의 열어밝혀져 있음)는 초월론적 진리이다"라고[152] 주장하는 것에서 분명하게 드러난다. 하이데거에 따르면, 철학은 "경험적 사실"이 아니라 "선험"을[153] 주제로 삼아야 한다. 그것은 "관념적 주체"의 선험이 아니라 "현사실적 주체", 현존재의 선험이며[154], "명시적 제시의 주제"이어야 하고, "기술"(Beschreibung)되어야[155] 한다. 이러한 의미에서 하이데거는 "바라보는 확정", "직관"을[156] 말하고 있으며, "자신을 내보이

149_ Gethmann(1974), 141쪽.
150_ Gethmann(1974), 142쪽.
151_ Gethmann(1974), 142쪽.
152_ Heidegger(1972), 38쪽.
153_ Heidegger(1972), 229쪽.
154_ Heidegger(1972), 229쪽.
155_ Heidegger(1972), 35쪽.
156_ Heidegger(1972), 135쪽.

는" 것은[157] '기술'의 방식으로 파악되어야만 한다고 주장한다. 따라서 하이데거가 말하는 "기술현상학"이라는 표현은 동어반복일 뿐이다.[158] 즉 '현상학'은 항상 '기술'하는 것이다. 그러나 하이데거는 예컨대 "식물학의 형태론"과 같은 경험적 기술은 중요한 것이 아니라고 강조한다.[159] 현상학은 현상들에게 그것에 근거하고 있는 의미를 부여함으로써 기술한다. 따라서 우리는 하이데거식의 이러한 현상학의 경우를 "의미설명적 기술주의"라고[160] 지칭할 수 있을 것이다.

4. 생활세계의 의미영역

지금까지의 논의를 통해서 필자는 세계-내-존재의 상이한 의미영역들과 그들 서로간의 관계를 밝히고자 했다. 그 결과 우리는 생활세계의 세 가지 의미영역들 내지 의미구조들, 즉 '존재적', '존재론적' 그리고 '존재론 이전'의 의미영역들에 관해 말할 수 있게 되었다.[161] 여기서 이제 필자는 이 세 의미영역들이 생활세계의 '계기' 내지 '구성요소'임을 강조하고자 한다. '존재의 의미'는 결코 생활세계를 부유하지 않는다. 존재의 의미는 존재적, 존재론적 그리고 존재론 이전의 존재이해의 가능성의 조건이긴 하지만 오직 세계-내-존재 혹은 세계-내-

157_ Heidegger(1972), 35쪽.

158_ Heidegger(1972), 35쪽.

159_ Heidegger(1972), 35쪽.

160_ Th. Rentsch, *Heidegger und Wittgenstein. Existenzial- und Sprachanalyse zu den Grundlagen philosophischer Anthropologie*, Stuttgart 1985, 175쪽.

161_ 이와 관련해서는 Brelage(1965), 198쪽 이하 참조.

존재의 '주제적' 설명 내에서만 '자신을 내보인다.' 또한 실존론적-존재론적 분석 역시 생활세계를 포기하지 않는다. 실존론적-존재론적 설명영역들은 생활세계 내에 고정되어 있다. 뿐만 아니라 이 영역들은 실존적-존재적인 것과 존재론 이전의 것 내에 '뿌리를 박고' 있다. 그로 인해 우리는 생활세계의 차원이 존재적인 것으로 환원될 수도 없고 또한 존재론적인 것, 존재론 이전의 것으로도 환원될 수 없음을 알게 된다. 생활세계의 차원은 오히려 이 모든 세 의미영역들을 포괄하고 있다. 따라서 이제 설명되어야 할 것은 바로 이러한 세 의미영역들을 특징짓는 것과, 그것의 기초부여 관계를 서로 간에 형성하는 것이어야 한다.

여기서는 개별적인 의미영역과 특히 반성적-재구성적 의미영역들의 설명 간의 기초부여 관계를 설명하는 것이 매우 중요하다. 하이데거는 '선주제적인 것', 즉 '주제 이전'을 주제화하고자 한다. 그러나 이 일에서 중요한 것은 첫째, 주제 이전의 특징을 놓쳐서는 안 된다는 것이며, 둘째 주제화하는 반성의 가능성이 명료하게 드러나야 한다는 것이다. 때문에 필자가 의도하는 것은 현존재 분석의 개별적 단계를 논의하거나 아니면 개별적 실존범주들을 해명하는 것이기 보다는 현존재 분석의 결과를 '생활세계의 의미구조'들을 설명하기 위한 '직관적 질료'들로 사용하려는 것이다.

그러기 위해서는 우선 존재적인 것과 존재론적인 것의 관계에서 시작할 필요가 있다. 우리가 '존재적'이라는 용어를 통해 이해할 수 있는 것은 도대체 무엇인가? 우리는 일정한 규칙과 관습을 따르고, 규정된 규범, 가치 그리고 기준을 지키며, 표상과 목적을 가지고, 임무를 맡는 등 언제나 '존재자'들과 관계한다. 그래서 우리는 언제나 이미 현사실적으로 "특정한 실존적 가능성들", 즉 구체적인 삶을 수행하는 것으로 존재자와 관계한다.[162] 존재적 행위 내지 이해는 아직 "이론적-주제적으로 개념파악되지 않은 '함의내용'"을 가지고 있다.[163] 실존적 가능성에는 존재자와의 일상언어적 행위 -즉 특정한 일상적 생활환경에서의 행위- 뿐만 아니라 학문적(과학적)이고 철학적인 이해도 속한다. 예컨대 우리는 실증적 학문들에서 '존재자의 존재'에 관한 개념적-주제적 이해를 갖지 않고서도 존재적 방식에 따라 존재자와 관계한다.

이제 우리는 존재적 행위(이해, 인식함)를 다음과 같이 특징지을 수 있을 것이다. 존재적 행위는 하나의 존재이해이긴('현존재는 존재자와 관계한다') 하지만, 결코 존재자의 존재에 대한 명시적-개념적-주제적 이해는 아니다. 또한 철학적으로 탐구하는 물음도 각기 그때마다 실존하는 현존재의 존재가능성, 즉 실존적-존재적 가능성이다. 그러나 탁월한 방식의 철학적 물음인 '기초존재론'은 실존의 실존성을 열어밝힐 수 있는 가능성, 즉 실존의 구조를 실존론적-존재론적으로 밝게 파헤치는 것이다. 존재적 인식은 개념적(일상의 실천뿐만 아니라 실증적 학문들에서도 마찬가지로)이고 반성적(이와 관련해서 후설은 '자연적 반성'에 관해 말한다)이긴 하지만, 현존재의 선험적 구조들을 파악하지는 못하며, 존재자의 존재에 대한 개념적 이해를 갖지도 못한다. 따라서 결론적으로 간단하게 요약하면, 현존재는 존재적으로 존재자와 관계하고, 존재이해를 가지고 있거나 또는 전제하고 있다. 자, 그렇다면 이제 우리는 여기서 어떻게 존재적인 것에서 존재론적인 것, 즉 실존론적-존재론적인 것에로 이행하는가?

현존재는 자신을 자기 존재로 이미 결정한 바로 그 존재자라는 것

162_ Heidegger(1972), 312쪽.

163_ Heidegger(1972), 312쪽.

이 확인되었다. 현존재는 아직 그 어떤 실존론적-존재론적 분석도 필요하지 않은 자기 자신과 실존적-존재적 관계를 갖는다. 이러한 실존적-존재적 자기이해에는 이미 '반성성'의 가능성, 즉 자기 자신에 대한 현존재의 반성적-주제적 지식의 가능한 출발점이 들어 있다. 실제로 하이데거는 반성적-주제적 자기해석의 가능성을 현존재 분석의 과정에서 분명하게 언급하고 있다. 말하자면 현존재는 "이해로서 자신의 존재를 가능성들에로 기획투사"하는데, 이 이해의 기획투사는 "스스로를 형성할 수 있는 고유한 가능성"을 가지고 있다. 이해의 이러한 "형성을 우리는 해석"이라고 이름한다. 해석에서 "이해는 자신이 이해한 것을 이해하면서 자기 것"으로 만든다. 해석은 "이해에서 기획투사된 가능성들을 정리작업함"이다.[164] 이 외에도 하이데거는 현상학의 개념을 자세히 설명하는 부분에서 "현상학적 기술의 방법적인 의미가 해석"이라고 주장한다.[165] 따라서 "어떤 것을 어떤 것으로 해석함"은 이해에 근거하고 있으며, "앞서 가짐, 앞서 봄, 앞서 잡음에 의해서 기초를 부여받고"[166] 있긴 하지만, 이러한 해석함은 "이해된 것을 자기 것으로 만드는 것"이며[167], 이해의 명시적-개념적-주제적 인식으로서 기초존재론을 위한 반성적-방법적 지위를 갖는다. 바로 그럴 때에만 하이데거는 존재론적 연구가 "이해를 정리작업하여 자기 것으로 만드는 것이라고 특징지어진 해석의 한 가능한 양식"이라고 주장할 수 있었던 것이다.[168]

164_ Heidegger(1972), 148쪽.
165_ Heidegger(1972), 37쪽.
166_ Heidegger(1972), 150쪽.
167_ Heidegger(1972), 60쪽.
168_ Heidegger(1972), 231쪽.

존재론적 분석은 존재적-실존적 이해 없이는 "지반 없는 것"이고, 현존재의 "존재론적 해석"에는 "실존에 대한 존재적 견해"가 깔려 있다.[169] 말하자면 존재론적인 것은 존재적인 것에 '근거'하고 있다. 이런 의미에서 존재론적 해석은 "존재적 가능성들(존재가능의 방식들)"을 기초 놓을 수 있어야 하고, 이 존재적 가능성들을 "그것들의 존재론적 가능성들에로" 기획투사해야 한다.[170] 하이데거는 이러한 존재론적 가능성들을 "실존범주들"(Existenzialien)라고 이름하며, 실존범주들은 현존재의 "선험적인 규정들"이고, 엄밀하게 말하자면 현존재적이지 않은 존재자의 선험적 규정들, 즉 "범주"(Kategorien)와 구별된다.[171]

실존범주들은 존재적-실존적 현상들 내지 자신을 내보이는 존재적-실존적 현상들의 가능성의 선험적 조건들로 드러나는 현상들이다. 그것은 경험적 연구의 눈앞에 있는 사실들이 아니며(예컨대, 죽음은 우리가 의학적으로 확정할 수 있는 경험적 죽음이 아니다) '전체 의미통일'이다. 이처럼 실존범주들은 생활세계의 전체적인 현상들로 나타난다. 비록 실존범주들 간에 '기초부여 관계'가 존재한다고 하더라도(예컨대, '시간성은 본래적인 염려의 의미로서 밝혀진다'; '한 실존범주는 다른 실존범주들의 의미이다') 현존재의 본질계기들은 '동근원적'이다. 우리의 생활세계에서 현사실적이고 구체적으로 관찰될 수 있는 것은 실존론적-존재론적 가능성들의 특정한 존재적 현실화이자 현현이다. 실존범주들은 그 자체 현존재의 근본구성틀, 즉 현존재의 본질구조를 나타낸다. 존재적 관찰들은 존재론적인 것으로 바뀐다. 존재적 사태가 그것의 존재론적 가능성들의 결과로 돌려지는 한 존재론

169_ Heidegger(1972), 312쪽.
170_ Heidegger(1972), 312쪽.
171_ Heidegger(1972), 45쪽.

적인 것은 존재적인 것에 근거하고 있다. 존재론적인 구조들은 존재적 사태들 내에 언제나 이미 비주제적으로 눈앞에 있다. 그렇다면 존재론적인 구조들은 어떻게 주제화되는가?

우리는 존재적 방식에 따라 죽음에 대해, 즉 죽음을 존재적으로 이해하는 것에 대해 말할 수 있다. 우리는 먼저 일상세계에서 친척과 지인들에 대해 말하고, 죽음에 대한 생각을 떨쳐버리며, 자신의 죽음을 예상한다. 둘째 우리는 학문(과학)의 영역에서 죽음을 생물학적-생리학적으로 진단한다. 셋째 전기적-역사적, 비교행동학적이고 심리학적인 연구들에서 그리고 마지막으로 신학에서 죽음에 대해 말할 수 있다. 죽음에 대한 이러한 모든 존재적 연구들의 기초가 되는 것은 죽음에 대한 '실존론적-존재론적 규정'이다. 하이데거가 주장하는 "죽음에 대한 온전한 실존론적-존재론적 개념"은 "현존재의 종말로서의 죽음이 현존재의 가장 고유하고 무연관적이고 확실하며 그리고 그 자체로서 무규정적이고 건너뛸 수 없는 가능성"이다.[172] 그래서 죽음은 "현존재의 종말로서 자신의 종말을 향한 이 존재자의 존재 속에" 있다.[173] 그러나 죽음에 대한 존재론적 연구는 위에서 언급한 "죽음을 향한 존재"의 존재적 가능성이 있을 때에만 수행될 수 있다.[174] 이처럼 "죽음에 대한 실존론적 분석에 (…) 실존적 가능성이 함께 울려나오고 있다는 사실은 모든 존재론적 연구의 본질"에 속한다.[175]

존재적인 것은 존재론적인 것에 근거하고 있다. 존재론적인 것은 다른 방식으로 존재적인 것에 근거하고 있다. 만일 우리가 존재적 혹

172_ Heidegger(1972), 258쪽.
173_ Heidegger(1972), 258쪽 이하.
174_ Heidegger(1972), 248쪽.
175_ Heidegger(1972), 248쪽.

은 존재론적으로 존재자와 관계한다면 이 양자의 경우에 우리는 존재적이지도 않고 존재론적이지도 않은 하나의 존재이해를 '전제'하고 있다. 그래서 하이데거는 '존재론 이전의 존재이해'에 대해 말할 수 있었던 것이다. '존재'는 로고스 없이 개념 이전에 이해될 수 없다. 이러한 존재에 대한 이해의 방식은 존재론 이전의 존재이해를 형성한다. 존재론 이전의 존재이해는 "존재적 경험이 필연적으로 존재론 이전의 존재이해를 본질적 조건으로 전제하고 있는 존재자에 대한 존재적 경험과 거의 일치"하지 않는다.[176] 그러나 존재론 이전의 존재이해는 존재가 반성적 방식에 따라 "대상화 내지 주제화될 수 있는" 조건이기도 하다.[177] '존재의 대상화'는 학문으로서의 존재론에서 수행된다. 우리는 이미 어떤 식으로든 밝혀지고, 제시된 어떤 것을 대상화할 수 있다. 밝혀진 것 내지 제시된 것은 첫째 선행하는 존재자일 수 있고, 둘째 "존재 자체"일 수도 있다.[178] "존재자"와 "존재"는 양자 "대상"이 될 수 있지만 바로 그러한 점에서만 "양자는 어떤 방식으로든 양자에 대한 대상화 이전에 밝혀"진다.[179] '존재자의 대상화'는 존재적 인식에서 이루어지고, '존재의 대상화'는 존재론적 인식에서 이루어진다.

만일 존재의 '대상화'(여기서 말하는 대상화는 존재론적으로 눈앞에 있음(Vorhandenheit)이 아니다. 대상화는 주제화를 말한다)가 가능해야 한다면 "이해로서의 존재이해가 존재를 개념 이전에 이미 기획투사한" 것은 "명시적으로" 밝혀져야만 한다.[180] 존재론 이전의 존

176_ Heidegger(1972), 398쪽.
177_ Heidegger(1972), 398쪽.
178_ Heidegger(1972), 398쪽.
179_ Heidegger(1972), 398쪽.
180_ Heidegger(1972), 399쪽.

재이해는 존재적 인식의 가능성의 조건일 뿐만 아니라 존재론적 인식의 가능성의 조건이기도 하다. 모든 존재적이고 존재론적인 이해는 "존재자와 특수하게 관계하는 근원적인 방식에"[181] 근거하고 있다. 존재론 이전의 존재이해는 개념 이전이고, 서술 이전이다. 따라서 하이데거는 "손안의 것"(Zuhanden)을 소박하게 그대로 보는 서술 이전의 "봄"(Sehen)에 관해 말한다.[182] 다르게 표현하면, 우리는 이것을 '인식 이전'이라고 말할 수 있을 것이다. 개념적으로 존재적인 것과 개념적으로 존재론적인 것 이전에 놓여 있는 것은 서술 존재에 대한 서술 이전의 경험이다. 그러나 하이데거는 어떻게 존재에 대한 개념 이전, 서술 이전의 경험을 개념적, 서술적으로 주제화 할 수 있는가? 지금부터 필자는 바로 이 물음에 논의의 초점을 맞출 것이다.

'존재론 이전'의 것에 대한 모든 규정들은 존재적인 것에 대해서도 '타당'한가? 지금까지의 논의과정에서 볼 때 존재적인 것을 존재론 이전의 것으로 잘못 생각할 수 있는 것은 아닌가? 현존재의 존재적-실존적 구성틀은 존재자에 대한 선행적이고 근원적인 이해를 통해서 부각되는가?

현존재의 "존재적인 뛰어남은 현존재가 존재론적으로 존재한다는 거기에" 있다.[183] 그러나 여기서 말하는 "현존재의 존재론적으로-존재함"은 "존재론 이전"의 것으로 부를 수 있다.[184] 게다가 "현존재의 존재적 구조"는 "존재론 이전의 존재이해의 규정성"을 자체 안에서 "개념

181_ Brelage(1965), 202쪽 이하 참조.
182_ Heidegger(1972), 149쪽.
183_ Heidegger(1972), 13쪽.
184_ Heidegger(1972), 13쪽.

파악"하고 있다.[185] 그러므로 존재적인 것은 두 가지이다. 첫째, 존재적인 것은 현존재적이지 않은, 세계 내적 존재자와 관계한다. 그러나 둘째로 존재적인 것은 존재론 이전의 존재이해를 자신 속에 포함한 것에 의해서 특징지어진다. 현존재에는 "존재적 구성틀로서 일종의 존재론 이전으로 존재함"이 속한다.[186] 존재론 이전의 존재이해는 일종의 현존재의 존재적 구성틀이다. 그로 인해 우리는 여기서 일종의 존재적-존재론 이전의 존재이해에 관해서 말할 수 있을 것이다.

따라서 지금까지의 논의과정을 간단하게 요약하면, 『존재와 시간』에서는 생활세계의 의미영역들 내지 의미구조들이 네 영역으로 구별된다.

첫째, 현존재적이지 않은, 즉 세계 내적 존재자가 이해되는 존재적(전통적인 의미에서 존재적) 영역.

둘째, 현존재적이지 않은, 세계 내적 존재자의 존재를 주제화하는 존재론적(전통적 의미에서 존재론적) 영역.

셋째, 첫째와 둘째 그리고 마지막 넷째 영역에 앞서 놓여 있는 존재적-실존적 영역(여기서 하이데거는 존재론 이전의 것에 대해 말한다), 즉 세계-내-존재의 구조 이전의 영역.

넷째, 존재론 이전의 영역을 전제하긴 하지만 바로 그 존재론 이전의 영역을 그 본질구조에서 명시적으로 주제화할 수 있는(바로 이 영역에 의해 세계-내-존재의 분석이 제시된다) 실존론적-존재론적(기초존재론적) 영역.

먼저 첫째와 둘째 영역의 이해는 '반성적'이다. 여기서 우리는 후설

185_ Heidegger(1972), 13쪽.

186_ Heidegger(1972), 17쪽.

과 관련하여, 존재하는 대상들 혹은 존재자의 본질구조들(존재자의 존재)에 관한 '자연적 반성'에 관해 말할 수 있다. 현존재의 자기 자신과의 존재적-실존적(존재론 이전) 관계에서 반성성의 가능성이 있다는 사실은 앞에서 이미 제시되었지만, 하이데거에 따르면, 셋째 영역에 대한 존재이해는 '반성 이전'이어야 한다. 세계-내-존재의 구조 이전, 즉 반성 이전(존재적-실존적, 존재론 이전)의 영역에 대한 특수한 기초존재론적 반성은 실존론적-존재론적 영역에 의해 수행된다. 그 결과 기초존재론적 반성은 현존재의 존재를 명시적으로 파악한다.

하이데거는 『존재와 시간』에서 '현존재의 근본구성틀'과 '세계의 세계성이라는 이념'을 다룬 후에, 일상적 현존재의 분석으로 이행한다. 현존재의 "평균적인 일상성"은 "하나의 순전한 '관점'"으로 간주되어서는 안 된다.[187] 하이데거에 따르면, "존재적으로 평균성의 방식으로 존재하는 그것이 존재론적으로는 충분히 중요한 구조에서 파악"될 수 있다.[188] 이때 이 "구조는 이를테면 현존재의 본래적인 존재의 존재론적인 규정들과는 구조적으로 구분"된다.[189] 우리는 아직 일상적 평균성, 즉 '비본래성'의 양식에서 그 어떤 명시적(존재론적) 존재이해를 갖지 못한다. 현존재는 처음으로 비본래성의 양식에서 자신의 존재를 '고유하게' 파악할 수 있다. 그러나 엄밀하게 말하면, 오직 본래성의 양식에서만 현존재의 존재에 대한 실존론적-존재론적 설명에 도달할 수 있다. 그럼에도 하이데거는 실존론적-존재론적 반성을 이미 일상성에 대한 탐구에서 사용하고 있다. 그럴 경우 현존재 분석은 비본래적인 것과 본래적인 것으로 나누어질 수 없다. 그렇지만 현존재

187_ Heidegger(1972), 44쪽.
188_ Heidegger(1972), 44쪽.
189_ Heidegger(1972), 44쪽.

분석에서는 세계-내-존재의 구조 이전의 심오하고, 근원적인 이해의 방향에서 하나의 '발전' 양식이 확인될 수 있다.

일상적 현존재의 존재는 실존론적-존재론적 설명영역에 의해 "염려"(Sorge)로 규정된다.[190] 이러한 규정에 근거해서 염려의 본래적인 의미인 '시간성'(Zeitlichkeit)이 부각될 수 있다. 현존재의 "존재의 분류된 구조전체성인 염려"는 오직 시간성으로부터만 실존론적으로 이해될 수 있다.[191] 앞에서 논의된 현존재의 존재론적 구조는 "그것들의 시간적 의미의 결과로 돌려져서 밝혀져야" 한다.[192] 때문에 하이데거는 다시 현존재의 가장 중요한 구조계기들을 분석하는 데, 그 분석은 바로 근원적이고 본래적인 시간성(실존론적 시간이해는 "통속적" 시간이해와 구별된다)의 관점에서 이루어진다.[193] 그로 인해 "실존론적-시간적 분석"의[194] 결과는 바로 이 근원적 시간화에 "현존재의 존재를 구성하고 있는 존재이해가 근거"하고 있다는 것이며, "존재 일반의 의미의 기획투사는 시간의 지평 안에서 수행"될 수 있다는 것이다.[195] 실제로 하이데거의 『존재와 시간』에서는 존재 일반의 의미 규정이 수행되지 않았다. '시간성'은 모든 이해, 인식의 최종근거이며, 그 때문에 반성의 최종근거이다. 그러나 이 시간성은 오직 실존론적-존재론적 반성에서만 개념적으로 파악될 수 있다.

190_ Heidegger(1972), 191쪽.

191_ Heidegger(1972), 234쪽.

192_ Heidegger(1972), 234쪽. 이와 관련해서 C. F. Gethmann, *Dasein: Erkennen und Handeln, Heidegger im phänomenologischen Kontext*, Berlin/New York 1993 참조.

193_ Heidegger(1972), 235쪽.

194_ Heidegger(1972), 234쪽.

195_ Heidegger(1972), 235쪽.

이 지점에서 우리는 '전회'(Kehre) 이후의 하이데거 철학에 잠시 주목할 필요가 있다. 『존재와 시간』에서는 생활세계의 문제가 매우 중요한 역할을 하고 있는 반면에 전회 이후의 저술들에서는 생활세계의 문제가 큰 의미를 갖지 못한다. 지금까지 우리는 현존재가 '구성'을 수행하는 것이고, 세계의 지평을 '기획투사'하는 것이라고 논증했다. 그러나 전회 이후에는 '존재 그 자체'가 기획투사하는 '현존재'의 자리를 대신한다. 본질적인 존재 사유는 현존재가 하는 일이 아니라 존재의 "사건"(das Ereignis)일 뿐이다.[196] 존재는 "존재의 훤한-밝힘"(Lichtung)으로 있는 인간에게 자신을 드러낸다. 존재는 "존재사"의 획기적인 "숙명" 속에서 인간에게 말을 건넨다.[197] 존재의 의미가 『존재와 시간』에서는 오직 생활세계 분석에 의한 단계에서만 언급될 수 있었다면, 전회 이후에는 인간이 궁극적으로 어떤 영향도 미칠 수 없는 존재사에서 일어날 수 있다. 그 결과 인간은 존재의 운명(Geschick)을 마음대로 처리할 수 없게 된다.

결론적으로 지금까지의 논의에서 우리는 다음과 같은 테제를 결과물로 얻을 수 있을 것이다. 첫째, 전회 이후의 하이데거 저술들에서는 '인식의 비판적 증명' 대신에 '비판 이전의 직접성'이 나타나기 때문에 기초존재론의 방법적-비판적 수준이 떨어진다고 할 수 있을 것이다. 둘째, 오직 존재의 운명에 의해서만 실현되고 그 어떤 증명도 필요 없는 본질적인 사유를 하려는 기초존재론의 틀 내에서 현상학을 수정 혹은 교정 하려는 방법은 설득력이 다소 부족해 보인다.

196_ M. Heidegger, *Zur Sache des Denkens*, Tübingen 1969, 20쪽 이하.

197_ Heidegger(1969), 9쪽. 아울러 M. Heidegger, *Platons Lehre von der Wahrheit. Mit einem Brief über den "Humanismus"*, Berlin 1947, 69쪽, 75쪽도 참조.

5. 생활세계, 실존론적 존재론 그리고 타당성반성에 대한 물음

앞서 논의에서 밝혀진 바와 같이, 실존론적-존재론적 반성은 이제 의미구성적 내지 의미설명적인 것으로 규정될 수 있다. 우리는 실존론적-존재론적 설명수준, 즉 '해석'(Auslegung)에서 '의미'(Sinn)를 파악한다. 해석에서 "분류된 것 그 자체와 이해 일반에서 분류 가능한 것으로 앞서 윤곽잡혀 있는 것이 의미"이다.[198]

그렇다면 하이데거 철학에서 '타당성의 문제'는 어떤 역할을 하고 있는가? 『존재와 시간』에서는 단초가 "인식의 타당성의 초월철학적인 핵심 문제를 적절하게 주제화할 능력"이 없는가?[199] 혹시 하이데거는 "항상 인간적 탈존(Eksistenz)의 '거기'(Da)에서 가능케 하고, 밝히면서 감추는 존재의 의미 구성만 중요시 했던 것"은 아닌가?[200] 그것도 아니라면 하이데거의 기초존재론은 모든 존재이해의 가능성의 초월론적 내지 유사-초월론적 조건에 대해 묻고 있는 한에서 매우 특별한 양식의 초월철학은 아닌가?[201]

하이데거는 『존재와 시간』에서 '타당성'(Geltung) 개념을 방법적인 근본개념으로서 받아들이지 않는다. 그는 "타당성이라는 이러한

198_ Heidegger(1972), 153쪽.

199_ R. Aschenberg, *Sprachanalyse und Transzendentalphilosophie*, Stuttgart 1982, 56쪽.

200_ K. -O. Apel, "Sinnkonstitution und Geltungsrechtfertigung. Heidegger und das Problem der Transzendentalphilosophie", in: *Martin Heidegger: Innen- und Außenansichten*, hrsg. vom Forum für Philosophie Bad Homburg, Frankfurt(M.) 1989, 134쪽.

201_ Brelage(1965), 202쪽 이하.

현상에 대한 몇 가지 의문점"을 지적한다.[202] 그가 보기에, 타당성이라는 "언어우상 주변에 자리 잡은" 모든 타당성 문제는 매우 "불투명"하다.[203] 그로 인해 하이데거는 타당성의 세 가지 의미들을 밝히고 있는데, 첫째 타당성은 "이상적 존재"이고, 둘째 "객관적 타당성"과 "객관성 일반"이며, 그리고 마지막으로 "구속성", "보편타당성"을 말한다.[204] 이것은 하이데거가 로체(Lotze)의 타당성이론(Geltungstheorie)을 모범으로 삼고 있음을 보여준다. 로체의 한 명제의 타당성은 그 진리와 동일시된다. 그에 따르면, 한 명제의 타당성은 지속적이고 독립적이며, 물질적인 사물들이나 사건들의 영역과는 근본적으로 구별되는 현실영역을 형성한다. 그 뿐만 아니라 하이데거는 타당성 개념을 방법적 근본개념으로도 받아들이지 않는다. 그는 "방법상의 신중함"을 통해 타당성과 같은 "현란한 개념을 해석의 실마리로 삼지 않을 것"을 요구한다.[205]

이와 달리 '의미'의 개념은 방법적 중심 개념으로 부각된다. 그렇다면 타당성의 문제에 대한 하이데거의 태도는 초월철학의 거부를 의미하는가? 하이데거가 '초월론적'이라는 용어를 통해 이해하고 있는 것은 도대체 무엇인가? 그에 따르면, "초월론적 인식"은 "존재자 자체를 연구하지 않고, 오히려 선행적 존재이해의 가능성, 즉 존재자의 존재구성틀"을[206] 탐구한다. 이렇게 보면 하이데거의 사유는 "모든 자연적 인식, 학문 이전의 인식 그리고 과학적 인식과 기초론적으로 구별"되

202_ Heidegger(1972), 155쪽.
203_ Heidegger(1972), 155쪽.
204_ Heidegger(1972), 156쪽.
205_ Heidegger(1972), 156쪽.
206_ M. Heidegger, *Kant und das Problem der Metaphysik*, Frankfurt(M.) 1965, 24쪽.

며, 이러한 사유의 대상은 "모든 자연적 인식, 학문 이전의 인식 그리고 학문적 인식 인식을 위한 근거, 즉 가능성의 조건"을 묘사하고 있기 때문에 명백히 '초월론적'이다.[207]

초월철학의 관점에서 "존재의 의미는 형식적으로 보면 존재자의 선험적-종합적 가능성의 조건"이다.[208] 현존재와 존재자의 연관성은 선험적, 즉 모든 존재이해의 가능성의 조건으로서의 존재의 의미를 감소시키는 것에 의해 보증되어야만 한다. 사실 우리는 언제나 이미 하나의 존재이해를 가지고 있기 때문에 존재자와 관계한다. 그리고 모든 존재이해, 즉 존재자의 개방성의 가능성의 조건은 '존재의 의미'이다. 그럼에도 현존재는 초월론적 주체, 즉 타당성 원리들의 총괄개념이 아니라 구체적이고 현사실적인 인간이다. 따라서 하이데거의 인식의 근거지음은 순수한 개념들 혹은 순수한 타당성 원리들의 차원이 아니라 세계-내-존재에 의해 이끌어진다.

우리는 『존재와 시간』에서 존재적인 것 혹은 존재론 이전의 것으로부터 그 어떠한 실존범주들의 '초월론적 연역'도 찾을 수 없으며, 또한 존재적인 것 혹은 존재론 이전의 것도 존재론적인 것으로부터 발견하지 못한다. 세계-내-존재의 가능성의 조건은 연역되거나 혹은 가정되는 것이 아니라 '현상학적'으로 제시된다. 하이데거는 모든 인식과 특히 인식이론을 세계-내-존재의 근원적인 현상들의 결과로 돌리려고 한다. 그는 새로운 인식이론이 아니라 '인식이론의 근거'를 세우려고 한다. 또한 인식이론에 정착된 타당이론적 반성 역시 현존재의 열어밝혀져 있음을 전제한다. 타당이론적 반성 역시도 세계-내-존재의

207_ Brelage(1965), 199쪽.
208_ Gethmann(1974), 40쪽.

선-구조(Vorstruktur) 속에 기초부여되어 있다. 그렇다면 인식이론을 구체적인 생활세계의 결과로 돌리는 것은 초월철학의 폐기를 의미하는가?

현대의 많은 하이데거 해석자들은 전기 하이데거의 철학을 일반적으로 '초월론적-현상학적 방법'의 관점에서 해석하고 있다.[209] 그 결과 이들은 엄격한 의미에서 초월론적-현상학적 방법을 하이데거 철학의 해석학적, 생철학적, 실존철학적 그리고 형이상학적 의미들과 철저하게 구별하고 있다. 하이데거에 따르면, 초월론적 학문으로서의 존재론은 존재자 자체가 아니라 '선행적 존재이해의 가능성'을 연구한다. 하이데거의 존재의 의미에 대한 물음은 '방법론적-초월론적'으로 개진된다. 게트만(C. F. Gethmann)과 같은 해석자는 존재의 의미를 형식적으로 보면 "존재자의 가능성과 존재자의 완성의 선험적 조건"이라고[210] 규정한다. 마찬가지로 존재물음의 초월론적 구조에 의해 제공된 현존재의 존재에 대한 물음은 '초월론적-철학적' 특징을 갖는다. 현존재의 존재로서의 '염려'는 모든 존재적 현존재 해석에 앞서 놓여 있는 '선험적-존재론적 보편화'를 설명한다. 염려는 '초월론적 근본구성틀'로서 '존재론적 구조개념'이다. 기초존재론의 개별적인 이행단계는 -일상적인 세계-내-존재에서 염려로 그리고 마지막에 시간성에로의 나아가는- '초월론적 방법론'의 의미에서 해석된다.

이처럼 존재의 의미에 대한 문제제기는, 한편으로 현존재의 존재와

209_ 이러한 해석의 전통에 서 있는 사람들로는 게트만(C. F. Gethmann), 란트그레베(L. Landgrebe), 아펠(K. -O. Apel), 브레라게(M. Brelage), 코레트(E. Coreth), 슐츠(W. Schulz) 등을 들 수 있다. 최근에 이러한 해석의 전통에 서 있는 인물로는 리차드슨(J. Richardson)과 달스트롬(D. O. Dahlstrom)을 들 수 있을 것이다.

210_ Gethmann(1993), 11쪽.

관련하여 현존재에 대한 선행적 설명을 필요로 하고, 다른 한편으로 현존재 분석의 실행가능성이 존재 일반의 의미에 대한 물음의 선행적 정리작업에 의존한다는 것은 하이데거 철학의 초월론적 특징에 있어 결정적이다. 이러한 순환은 존재론적 근거지음의 형식으로서 존재의 의미의 '근거를 밝게 파헤치기'(Grund-Freilegung) 위한 조건이다. 그러므로 우리는 "존재의 의미가 우리의 이해 속에서 언제나 이미 전제되어 있다는 것을 이해하는 한 존재의 의미를 이해"하는 것이다.[211] 따라서 게트만과 같은 해석자는 하이데거의 "초월론적-존재론적 구성이론"을 "타당성 이론"으로 해석한다. 그에 따르면, 하이데거의 타당성의 문제는 "초월론적-존재론적 구성이론"으로 대체된다.[212] 존재자 자체와의 모든 관계에는 언제나 이미 하나의 존재이해가 전제되어 있다. 그렇다면 여기에는 '근거지음의 관계'가 앞서 놓여 있는가?

사실 '구성'의 문제는 '근거지음'의 문제와 연관되어 있다. '존재'와 '근거'는 동일한 것이다. 그럼에도 불구하고 "존재는 스스로 근거이기 때문에 근거 없이 지속"한다.[213] 하이데거의 "근거짓는 것"(Gründen)은 "창설하는 것"(Stiften)을 말하는 데, 그것은 모든 근거지음의 가능성의 조건이며, 그 때문에 그 자체 "무근거적"(begründungslos)이다.[214] 존재이해는 "최초-최종 근거지음"을[215] 제공한다. 따라서 존재는 순수한 초월론적 근거, 즉 실존론적-존재론적 구성의 근거이다. 그러나 구성은 현존재에 의해 수행된다. 현존재는 오직 근거(즉 존재)에

211_ Gethmann(1993), 95쪽 이하.

212_ Gethmann(1974), 195쪽.

213_ M. Hegidegger, *Der Satz von Grund*, Pfullingen 1957, 205쪽.

214_ M. Heidegger, *Vom Wesen des Grundes*, Frankfurt(M.) 1955, 47쪽.

215_ Heidegger(1955), 47쪽.

서만 실존한다. 그러나 현존재는 이러한 근거를 제어하지 못한다. 왜냐하면 현존재는 '내던져져' 있기 때문이다. 그렇지만 현존재는 존재가 '자신을 내보이는' 장소인 한에서 존재자의 근거이다.

필자가 생각하기에 존재, 현존재 그리고 존재자 간의 복잡한 근거지음의 관계는 하이데거의 『존재와 시간』에서 불충분하게 설명되었다. 존재는 현존재의 근거이다. 현존재는 존재에 의해서 존재자에 대한 모든 이해의 근거이다. 근거짓는 것은 구성이론적 의미, 즉 '어떤 것'을 구성하는 근거의 결과로 돌리는 것을 말한다. 그럼에도 하이데거에게 중요한 것은 소급적인 근거지음이 아니라 '근거를 밝게 파헤쳐 제시함'이다. 근거지음의 관계들은 예컨대, 존재론적-실존론적 구조들과 그 구조들의 존재적 표명 간의 기초부여 관계들이다. 존재근거(Seinsgrund)는 다른 사건들을 야기하는 하나의 사건이다. 바로 여기서 중요한 것은 비-언어적 실재들이다. 하이데거와 달리 언어이론적 내지 논증이론적 관점에서는 논증들과 유사하게 근거지음들은 명제들, 즉 언어적 실재들로 되어 있다고 주장될 수 있다. 그러므로 근거들은 근거지음들의 구성요소들이 아니다. 근거지음들 속에서 근거들은 단지 이름 불려지거나 혹은 기술될 뿐이다.[216] 그렇다면 근거(존재 내지 현존재)는 도대체 어떻게 존재이해의 타당성을 근거지울 수 있는가?

우리는 이러한 물음에 대한 만족할 만한 답변을 얻기 위해서 게트만의 논증을 살펴 볼 필요가 있다. 그의 논증에서 매우 중요한 것은 우리가 '방법적-반성적'으로 분석하는 것이 방법적 인식을 위한 가능성

216_ C. Lumer, *Praktische Argumentationstheorie. Theoretische Grundlagen, praktische Begründung und Regeln wichtiger Argumentationsarten*, Osnabrück 1989, 22쪽 이하, 74쪽 이하 참조.

의 조건 역할을 하는 세계-내-존재의 구조와 관계할 수 있다는 것이다. 주제적 "인식의 방법, 즉 상호주관적 구속성을 포함하는 규칙성"(Regelhaftigkeit)은 기초존재론적 분석에 속해야만 할 것이다. 기초존재론은 "그들의 사실, 즉 초월론적 진리로서의 존재이해로부터 그들의 고유한 타당성의 규칙을 드러내 보이게" 될 것이다.[217] 그 결과 기초존재론 내부에서 "명시적인 초월론적 방법론"에 대한 요청이 제기된다.[218] 그러나 이러한 방법론이 하이데거의 철학에서는 결여되어 있다. 즉 실존론적-존재론적 설명을 방법적으로 수행할 수 있는 기준들이 빠져 있다. 하이데거는 존재이해의 가능성의 조건에 -방법적 인식의 가능성의 조건, 즉 존재이해의 주제화(해석)의 양식과 방식에 대해서도- 대해서 묻고 있지만 상호주관적으로 확인할 수 있는 타당성 기준들을 밝히는 것에 대한 물음을 시작하는 일은 포기한다. 기껏해야 하이데거가 하고 있는 것은 "존재론적 기획투사가 자신의 '발견물'이 현상적으로 적합하다는 명증을 어디에서부터 취해야 하는가?" 하는 물음과 존재론적 해석의 "기획투사의 방향을 위한 필요한 길표지판은 어디에 있는가?" 하는 정도의 물음이다.[219] 결국 하이데거는 우리에게 현존재의 구조 내에서 인식함의 기초부여를 지시하고 있을 뿐, 기초론적 분석의 가능한 '타당성 기준'을 지시하지는 않는다.

이제 타당성의 문제는 실존론적-존재론적 설명영역과 관계되어야 한다. 물론 여기서 중요한 것은 세계-내-존재의 구조에 대한 기초존재론적 진술의 타당성이다. 타당성의 문제는 단적으로 존재의 서술 이전 경험의 자명성과 관련해서 제기될 수 있다. 진리의 근원적 장소가

217_ Gethmann(1974), 209쪽.

218_ Gethmann(1974), 209쪽.

219_ Heidegger(1972), 312쪽.

판단이 아니라 서술 이전의 경험인 한 존재를 최종적인 타당성의 근거라고 말하는 것은 혼란스럽기도 하다. 타당성의 문제에 속하는 방법적 인식은 세계-내-존재의 기초부여된 내지 정의된 양태이다. 하이데거에 따르면, 타당성의 문제는 현존재에 대한 근원적 파악의 결과로 돌려져야만 한다. 그럼에도 하이데거의 정의된 양태는 정의되지 않은 양태를 설명하기 위해 사용된다. 그러므로 그는 타당성의 차원에 전혀 아무런 관심도 가지지 않은 채 타당성의 차원을 '전제'하고 있다. 결국 하이데거의 철학에서 궁극적으로 결여되어 있는 것은 '실존론적-존재론적 분석의 가능성의 조건에 대한 초월론적 타당성반성'과 그리고 전반적으로 '언어적 이해를 타당이론적으로 근거짓는 것'이다. 말하자면 실존론적-존재론적 반성은 순수한 현상학적 기술과 의미구성간의 연계에 의해 특징지어질 수 있는 것이다.

Martin

제 4 장

하이데거의 **예속모델**로서 **들음**과 **순종**

하이데거 철학
삐딱하게 읽기

-『존재와 시간』에 대한 정치철학적 해석-

제4장

하이데거의 예속모델로서 들음과 순종

1. 문제설정

1980년대 말 하이데거(M. Heidegger)와 민족사회주의에 대한 빅토르 파리아스(Victor Farias)의 연구에 의해 촉발되어 '하이데거의 경우'가 상세하게 논의된 이래 하이데거는 신자유주의 시대에 "좌·우의 피안"의 사상가로 간주되거나[220] 혹은 하이데거의 사상은 "하나의 '제3의 존재'로의 길, 즉 서양 근대 존재개념의 피안 및 현실사회주의적 전근대의 피안"으로 탐구되었다.[221]

220_ W. van Reijen, *Heidegger und Benjamin. Der Schwarzwald und Paris*, München 1998. 반 라이엔은 1989년 이전에 하이데거와 벤야민은 "정치적-철학적 대립"(204쪽)으로 간주되어 왔음을 비판이론의 맥락에서 주장한다.

221_ V. Caysa, *Das Seyn entwerfen. Die negative Metaphysik Martin Heideggers*, Frankfurt(M.) 1994, 13쪽. 케이사는 철학자들의 하이데거 논쟁에 있어서 하이데거의 저작들이 "고르바초프의 이념 이후에 구동독의 민주화에 기여했다"는 위치에 있음을 주장한다. 말하자면 하이데거의 저작들은 "구동독에서 개혁과 정치적 진보에 참여했다"는 것이다(9쪽). "하나의 새로운 긍정적 존재이념, 하나의 새로운 의미심장한 삶의 해석을 기획하려는" 이러한 시도는 "오스발트 슈펭글러, 칼 슈미트, 한스 프레이어, 에른스트 윙거와 같은 보수주의적 사상가"를 보좌했던 것이다(10쪽).

게다가 하이데거는 좌파에 의해 지속적으로 수용되고 있으며, 최근에는 여성주의에서도 수용되고 있다. 이 수용과정은 하이데거가 무엇보다도 대립적인 정치철학적 기획 틀 내에서 '세계-내-존재'(In-der-Welt-sein)라는 개념을 가지고 맑스와 니체에서 표명된 주체-객체-패러다임 비판을 철학 안으로 되가져왔다고 주장한다. 하이데거-맑스주의의 그러한 역설적 입장들의 장점은 1928~1933년 사이 마르쿠제(H. Marcuse)의 연구에서 시작되었다. 이 연구에서 마르쿠제는 하이데거의 지평에서 맑스를 습득했으며, 이것은 사르트르(Sartre), 메를로 퐁티(Merleau-Ponty) 그리고 코지크(K. Kosik)에 이르기까지 '활동하는 개인'을 이론적으로 포착하는 계기를 제공했다. 그래서 사르트르에 따르면 "인간의 추방, 즉 맑스주의적 지식에서 나온 인간의 추방과 배제는 (…) 필연적으로 실존주의적 사유의 재탄생을 (…) 야기"할 수밖에 없었던 것이다.[222] 폴란드의 맑스주의 철학자 아담 샤프(Adam Schaff) 역시 유사한 방식으로 "우리에게 있어서 실존주의의 '성공'"은 "우리의 이데올로기적 부재의 결과" 때문이라고 설명한다.[223] 아도르노(Th. W. Adorno)가 천착했던 "진정한 실존개념" 역시 "인식의 계기인 주체를 추방하는" 과학주의적 사고에 대한 거센 저항의 결과이다.[224] 더욱이 최근의 여성주의 논쟁은 여성주의적 철학비판에 있어서 오랫동안 가부장적 암호로 해독되어 왔던 육체-정신-이원론 비판을 위해 하이데거를 그 비판의 통로로 삼는다.[225] 거기서 의식철학의 이

222_ J. -P. Sartre, *Marxismus und Existenzialismus. Versuch einer Methodik*, Reinbek 1964, 141쪽.

223_ A. Schaff, *Marx oder Sartre*, Wien 1964, 19쪽.

224_ Th. W. Adorno, *Negative Dialektik*, Frankfurt(M.) 1966, 129쪽.

225_ 소냐 크룩스는 심지어 다음과 같이 주장하고 있다. 하이데거는 "여성주의 철학의 중심 테마들에 직접적으로 많은 영감을 주고 있다. 인간 실존에 대한 그의 평가는 강

원론에 대한 하이데거식의 비판은 종종 하나의 새로운 가부장적 주체 구성, 즉 근원 신비주의적(ursprungsmythisch)으로 개입된 여성상에 대한 연구는 귀를 기울이는 순종(hörige Gehorsam)의 주체작용을 겨냥하고 있다는 시각에 이른다.

이러한 맥락과 관련해서 필자는 바로 그와 같은 주체구조, 즉 1927년 하이데거가 『존재와 시간』(Sein und Zeit)에서 기획한 주체구조를 재구성하고자 한다. 개인은 『존재와 시간』에서 '비본래성'(Uneigentlichkeit)이라는 일상적인 존재방식에서 벗어나는 정도에서 구성된다. '본래성'(Eigentlichkeit)은 "염려의 부름"을 인지함으로써 귀를 기울이는 존재방식으로서의 비본래성으로 구성된다. 그래서 하이데거가 말하는 현존재는 "부름을 이해하며 자신의 가장 고유한 실존가능성에 귀를 기울이는"것이다.[226] 하이데거적 사유의 서로 다른 단계들 속에서 다양한 방식에 의해 정치적으로 개입된 이러한 '불러냄의 구조'(Anrufungsstruktur)는 하이데거 철학의 상수(常數)를 이룬다. 그 때문에 하버마스는 "수십 년이 넘도록 의미구조들이 그 지속성을 유지하는 동안에 호소는 달라진다"고 단언했던 것이다. 그의 주장에 따르면 하이데거는 "정치적 상황에 상응해서 본래성을 호소하는 사유자세와 빠져있음(Verfallenheit)에 대한 논박의 사유자세를 견고하게 유지하고 있던 그 사이에 호소가 최소한 두 번 변색"되고 있

력하게 반이원론적이며 지식의 관계를 넘어서는 세계 내에의 특권적 참여이다. 그러므로 그가 주장하는 '염려'는 근본적으로 '세계-내-존재'의 구조이며 진정한 인간 실존의 윤리적 정언명령이다"(S. Kruks, "Existentialism and phenomenology", in: Jaggar, A./Young, I. M.(Hg.), A Companion to Feminist Philosophy, Malden/Oxford 1998, 66~74쪽, 68쪽)

226_ Heidegger(1972), 287쪽.

다.[227] 이 불러냄의 구조는 개인들이 자신들의 개별적 및 사회적 역운 자체를 숙고하고, 그러한 역운을 운명적으로 받아들이는 대신 책임으로 부여된 모든 민주주의적 관점을 거부하는 태도를 취한다.

이러한 의미에서 필자는 하이데거의 『존재와 시간』에 나타나는 하이데거의 '예속모델'(Subjektionsmodell)을 재구성한 뒤에, 이어서 한편으로는 그의 작품들 중 임의로 추출해서 민족사회주의 시대에서 하이데거의 개입들과 1945년 이후 하이데거에서 나타나는 근원 신비주의적 이야기하기의 견고성을 지적할 것이다. 그러한 지적에서 여성적인 것으로 표명된 근원적 힘을 들음(Hörigkeit)에 대한 재구성은 하이데거 철학 전반에 대한 열쇠로 드러날 것이다. 다른 한편으로 필자는 그러한 간단한 개진 과정에서 하이데거적 배치에서 표명되고, 그 속에서 민족사회주의를 위한 하이데거의 선택권이 매우 강조되는 서로 다른 남성성의 구조들(Männlichkeitskonstruktionen)을 개괄적으로 살펴볼 것이다. 끝으로 필자는 하이데거 철학과의 생산적인 관계, 즉 그 결과는 근원 신비주의적 구조를 깨뜨림으로써만 성취할 수 있음을 제시할 것이다.

2. 예속모델로서의 주체구조

하이데거는 『존재와 시간』에서 존재자로서의 개인이 처해야만 하는 "현존재의 존재"를 "염려"(Sorge)로 특징짓는다.[228] 염려는 하이데거가

227_ J. Habermas, *Philosophisch-politische Profile*, Frankfurt(M.) 1981, 70쪽.

228_ Heidegger(1972), 180쪽.

의식철학의 배치도를 파괴하기 위해 전략적으로 사용하는 중요한 개념이다. 하이데거는 우선 후설의 지향성 개념을 배려 개념으로 번역한다. 이 번역을 통해 하이데거는 자신에 의해 제기된 후설 현상학의 약점에 답변을 제시한다. 말하자면 후설 현상학의 약점은 데카르트 이래의 의식철학의 전통으로부터 코기토(cogito)의 가설을 무비판적으로 받아들였다는 것이다. 후설에 있어서 대상들과의 지향적 연관은 하나의 의식 내재적 연관에 머문다면, 하이데거에 있어서 현존재는 "~에로 향함과 파악함에 있어서 (…) 언제나 이미 '바깥에', 각기 그때마다 이미 발견된 세계에서 만나는 존재자 곁에 있는 것"이다.[229] 세계-내-존재로서의 개인은 다양한 연관들 속에 처해 있으며, 그 처해있음 속에서 활동하는 것으로서 파악된다. 1923년 하이데거가 말했던 '세계'는 "실천과의 관계, 넓은 의미에서 말하자면 배려(Besorgen)와의 관계" 속에 있다.[230] 이러한 실천론적 전회는 『존재와 시간』에서 먼저 의식철학에 대해 비판적인 의도를 가진 비본질주의적 주체이해로 나아간다. 그런 점에서 하이데거는 현존재의 "본질"이 "그의 존재해야 함"(in seinem Zu-sein) 내지는 "그의 실존"에 있으며 실체로서 파악될 수 없다는 것에서 출발한다.[231] 이러한 의미에서 하이데거는 맑스의 포이에르바흐 테제의 이론적 혁명을 가공하고 있다.

맑스는 포이에르바흐 테제에서 "인간의 본질"은 "개인에 내재하고 있는 추상물"이 아니라 개인 자신이 현실로 있는 "사회적 관계들

229_ Heidegger(1972), 62쪽.

230_ M. Heidegger, *Ontologie. Hermeneutik der Faktizität*, GA 63, Frankfurt(M.) 1988, 27쪽.

231_ Heidegger(1972), 42쪽.

의 앙상블"이라 주장한다.[232] 그럼에도 불구하고 하이데거는 전혀 사회적 실천으로 이해될 수 없는 불변적인 "존재를 규정하고 있는 구조"의 앙상블을 '염려'로 책정함으로써 사회적 본질과 실천적 본질에로의 이러한 인간본질의 전회를 배제시켜 버린다.[233] 이를 위해 하이데거는 세 가지 구성요소들을 도입한다. 세 구성요소는 첫째, '자기를 앞질러'(Sich-vorweg) 둘째, '이미 세계 안에 있음'(Schon-sein-in (der Welt)) 셋째, '세계 내부적으로 만나게 되는 존재자 곁에 있음'(Sein bei (innerweltlich begegnendem Seinenden))이다. 이 세 가지 구성요소들로 인해 개인은 우선 하나의 미래와의 연관을 갖는다는 것('자기를 앞질러' 있음)과 항상 하나의 특정한 상황인 세계 내에 존재한다는 것이 강조되며 그리고 "배려하면서"(besorgend) 대상들과 관계한다는 것을 강조한다. 하이데거는 이 요소들로부터 "(세계 내부적으로 만나게 되는 존재자) 곁에-있음으로서 자기를-앞질러-이미-(세계)-안에-있음"(Sich-vorweg-schon-sein-in (der Welt) als sein-bei (inerweltlich begegnendem Seienden))"이라는 사슬을 형성한다. 하이데거는 바로 "이러한 존재"가 "염려라는 명칭의 의미를 충족시킨다"고 덧붙인다.[234]

이러한 의미에서 하이데거가 『존재와 시간』에서 문제로 삼고 있는 자기이해는 '비본래성'과 '본래성', 즉 염려구조에 대한 부적절한 이해와 적절한 이해의 양자택일로 편제된다. 맑스와 엥겔스의 『독일 이데올로기』에서는 자기이해가 "현실적으로 활동하는 인간에서 출발"한

232_ K. Marx/F. Engels, *"Thesen über Feuerbach"*, MEW 3, Berlin 1958, 6쪽.
233_ Heidegger(1972), 17쪽.
234_ Heidegger(1972), 192쪽.

다면[235] 이와 달리 하이데거에서는 '존재이해'를 갖는 단수로 이해된 '현존재'에서 시작한다. 여기서 근본적으로 중요한 문제는 '수용능력'이다. 이 수용능력은 개인에 앞서 정돈된 불변의 근본구조들이다. 그래서 하이데거에 따르면 현존재는 "그의 존재함에서 이 존재와 관계를 맺는 그런 존재자이다. 이로써 실존의 형식적 개념이 계시"된다.[236]

하이데거는 이해 개념을 언어적 의사소통 개념으로부터 획득하지 않는다. 그에게 있어 이해 개념은 후설의 지각 개념의 변경을 의미한다. 이해 개념은 "단적으로 바라보면서 인지함"으로 기능한다.[237] 하이데거는 그리스어 표현 노에인(noein)을 인지함(Vernehmen)으로 번역한다. 이러한 "노에인은 결코 덮어 감추는 법이 없고 거짓일 수 없다. 그것은 기껏해야 인지하지 못함(Unvernehmen), 아그노에인(agnoein), 즉 단적이고 적합한 접근통로로서는 충분치 못할 뿐"이다.[238] 대상들에 대한 후설의 '바라봄과 파악함'이 '봄'(Sehen)을 기준으로 삼는다면 하이데거의 '인지함'은 '들음'을 본보기로 삼는다. 그런데도 양자는 -아도르노가 비판하는 바와 같이- "수용적, 즉 실증주의적 학문의 이상에 의해 형성된 태도로 받아들이고 기술"하는 것을 지향한다.[239] 아도르노에 따르면 "방법의 무반성적 직접성은 스스로 각자의 자의를 차용"한다.[240] 왜냐하면 수용한 것을 가공하는 것에 결정권이 있는 심급(Instanz)은 존재하지 않기 때문이다. 따라서 각기 자

235_ Marx/Engels(1958), 26쪽.
236_ Heidegger(1972), 52쪽 이하.
237_ Heidegger(1972), 33쪽.
238_ Heidegger(1972), 33쪽.
239_ Adorno(1966), 70쪽.
240_ Adorno(1966), 70쪽.

신들의 특수한 상황을 습득하고 의식적으로 변화시키는 실천적-활동적 개인에 이르는 접근통로를 열어주는 실천론적 심급은 하이데거의 주체구조에서 배제된다.

3. 근원신비주의 구조

3.1 여성의 근원적 힘으로서의 염려

하이데거는 『존재와 시간』에서 "'근원적으로' 말하고 있지, 이론적 해석에 의해서 규정되어 말하지도 그런 것을 의도하지도 않은", 즉 히기누스(Hyginus)의 우화 220번으로 전해져 오는 로마의 창조 우화를 "현존재가 자기 자신에 대해서 말하는 존재론 이전의 증거"로 끌어들인다.[241] 건강의 여신 히기누스의 우화에서 염려는 여성의 근원적 힘으로서 드러난다. 하이데거는 현존재가 "그 근원에서부터 방면되지 않고 오히려 꼭 붙잡혀 있어, 그것이 '세계 안에 있는' 동안은 근원에 의해서 철저히 지배된다"는 추론을 우화로부터 제시한다.[242] 따라서 염려 개념은 "인간을 규정하고 세계를 규정하는 존재의 근원에 대한 물음"에 답변하는 자리에서 나타난다. 나는 "어디에서 왔는가? 삶은 나와 이 세계에 무엇을 주는가? 인간이 제기하는 이러한 물음은 종교에서 답변"이 주어진다.[243] 하이데거가 염려를 근원으로 표명하는 한

241_ Heidegger(1972), 197쪽.

242_ Heidegger(1972), 198쪽.

243_ K. Heinrich, *Parmenides und Jona*, Basel/Frankfurt(M.) 1982, 27쪽.

그의 주체구성은 '근원 신비주의'(Ursprunsmythos)를 띈다.

우화 자체는 다음과 같이 이야기되고 있다. 염려(cura)가 강을 건너갈 때, 그녀는 점토를 발견했다. 한동안 생각에 잠겨 있던 그녀는 한 덩어리를 떼어내어 빚기 시작했다. 빚어낸 것을 바라보며 곰곰히 생각하고 있는데(cogitabunda) 유피테르가 다가왔다. 염려는 빚어낸 점토 덩어리에 혼을 불어넣어 달라고 유피테르에게 간청했다. 유피테르는 염려가 간청한 새로운 본질에 정신(spiritus)을 부여한다. 결과적으로 염려와 유피테르는 그들 서로가 자기의 이름을 주어야 한다며 인간의 명칭 때문에 다툰다. 이에 대지(tellus)도 세 번째의 힘으로서 나선다(surrexit). 마찬가지로 그도 역시 "자기의 몸 일부가 그 형상에 제공"되었으니(corpus praebuerit), 자신의 이름이 붙여지기를 요구한다. 이들은 창조물에 대한 각자의 서로 다른 주장들을 균형 잡아 줄 재판관(iudicus)으로 시간(Saturnus)을 모신다. "그대 유피테르, 그대는 혼을 주었으니 그가 죽을 때 혼을 받고, 그대 텔루스는 육체를 선물했으니 육체를 받아가라. 하지만 '염려'는 이 존재를 처음으로 만들었으니, 이것이 살아 있는 동안, '염려'는 그것을 그대의 것으로 삼을지니라. 그러나 이름 때문에 싸움이 일어났던 바로 그것이 후무스(흙)로 만들어졌으니 '호모(인간)'라고 부를지니라."[244]

『존재와 시간』의 개념적 배열은 쿠라-우화의 심급들의 질서 속에 농축되어 있다. 그래서 하이데거는 히기누스의 우화에 의해 "'염려'의 우위가 육체(대지)와 정신(영혼)의 합성체라는 잘 알려진 견해와의 연관성 속에서 튀어나고 있다는 점"을 강조한다.[245] 이로써 그는 육체

244_ Heidegger(1972), 198쪽.

245_ Heidegger(1972), 198쪽.

(res extensa)와 정신(res cogitans)의 이원론으로 조직된 데카르트의 주체를 비판한다. 나아가서 염려(Cura)와 시간(Saturnus)은 『존재와 시간』의 두 가지 핵심적 구상, 즉 '염려' 와 '존재'를 구성한다. 그런 점에서 하이데거는 현존재의 존재를 염려로 파악하며, 시간을 인격화하고 생물화 한다(vergeschlechtlicht). 우화에서도 성(性)의 우성관계인 신비적 형상들의 우성관계는 『존재와 시간』의 개념적 질서 속에서 반복된다. 현존재의 전체구조이며 그 때문에 모든 예속의 원동력을 포괄하는 염려는 '시간성'(Zeitlichkeit)에 의해 구성된다. 시간성은 "염려구조의 구성"을 가능하게 한다.[246]

육체-정신-이원론에 대한 비판과 그 중심개념인 '존재'와 '시간'의 생물화(Vergeschlechtlichung) 이외에도 우리의 관심을 끄는 것은 하이데거가 네 가지 근원적 힘들인 쿠라, 텔루스, 유피테르, 사라투르누스의 배열을 성경의 창조신의 모델을 대표하는 예속의 모델과 구별한 사실이다. 창조신의 모델은 아버지와 자식간의 꼭 닮은 모습을 가정하는데서 작동한다. 그래서 이 모델은 '남성중심주의적'인 속성 때문에 하이데거에 의해 비판된다. 하이데거는 1923년 "하나님께서는 인간이 한 모습, 즉 똑같은 것이라고 말씀하셨습니다"라는 바울의 창세기 1장 26절에 대한 해석을 힐난한다. 남자는 "신의 모습과 반영이지만 여성은 남성의 반영"(고린도 전서 11장 7절)이며 하나님에 의해 선정된 자는 "그의 자식의 모습에도 마찬가지이어야 하며 (…), 그로 인해 이 자는 많은 형제들 중에서 장자일 것이다."(로마서, 8장 29절)라는 파울루스의 견해와 관련하여 하이데거는 간결하게 다음과 같이 묻

246_ Heidegger(1972), 331쪽.

는다. 그렇다면 "여자란 무엇인가?"[247] 하이데거는 데카르트의 코기토(cogito)가 여전히 편제되어 있는 인간의 신성 모델에 반대하여 어머니의 근원적 힘에 순종하게끔 작동하는 예속모델을 배치시킨다. 왜냐하면 인간의 신성이라는 사고 형성물 안에는 최소한 잠재적으로 신과 동일할 것이라는 주장, 즉 아버지에 대한 자식의 순종은 일시적인 관계를 이루고 있어 자식이 언젠가 아버지의 위치를 차지할 것이라는 주장이 담겨있기 때문이다. 인간의 신성에 대한 구상을 함축하고 있는 반영(Spiegelung)은 하이데거의 구조와 비교해 보면 매우 오만불손하다. 하이데거는 여성적으로 표명된 염려를 근원으로서 책정한다는 점에서 인간의 신성 모델로부터 예속을 분리시킨다. 염려의 신비적 어머니의 형상 속에서 개인은 반영되는 것이 아니라 그것에 순종해야 한다. 이 점에서 하이데거는 언젠가 종교적 이데올로기에서 시작되었던 마력을 새롭게 부활시키고 있는 것이다.

3.2 근원에로의 복귀

『존재와 시간』은 개인이 어떻게 염려의 전체구조와 아주 적합한, 말하자면 '본래적인' 관계를 구성하는지 그리고 이를 위해 개인은 어떻게 '비본래적인' 관계에서 벗어나는지를 이야기한다. 염려와의 '본래적인' 관계는 근원에로의 복귀를 목적으로 한다. 염려구조 안에서 관계를 맺고 있는 시간적 원동력은 '복귀운동'으로 구성된다. 우선 앞서 언급한 세 가지 구성요소인 자기를 앞질러(Sich-vorweg), 이미 안에 있음(Schon-sein-in), 곁에 있음(Sein-bei)은 시간성의 세 차원,

---

247_ Heidegger(1988), 22쪽.

즉 미래, 과거 그리고 현재와 결합되어 있다. 말하자면 '자기를 앞질러'는 미래와, '이미 안에 있음'은 과거와 그리고 '곁에 있음'은 현재와 관계하고 있다. 본래성을 강조하는 "근원적인 시간성" 속에서 먼저 형식적으로 "자기를 앞질러"로서 시작된 미래관련은 "죽음에로 앞질러 달려가봄"이 될 것이다.[248] 그러나 죽음은 개인에게 있어서 미래의 최후에 가능한 한계를 표시한다.

하이데거에게 있어서 죽음은 미래를 종결짓는 기능을 갖는다. 개인은 산산조각나는 죽음에로 되돌아감으로 정위되며, 미래는 "가장 고유한 기재로 이해하며 되돌아옴"으로 변형된다.[249] 하이데거는 이로부터 나온 과거와의 관계를 "반복"으로 파악한다. 그에게 있어서 반복은 미리 확정된 가능성들을 넘겨받는 "운명적 반복"으로 구체화된다. 이러한 시간경험 속에서 개인은 "운명의 단순함"에 도달한다.[250] 이에 상응하는 현재의 경험은 "순간의 탈자태"(Ekstase des Augenblicks)이다.[251] 개인은 순간 속에서 "운명적인 역운"(schicksalhaftes Geschick)을 받아들이는 상황에 빠진다.[252]

하이데거의 이야기에 있어서 근원에로의 복귀는 부름을 마음대로 처분할 수 없는 체험에 의해 조직화된다. 부름을 마음대로 처분할 수 없는 체험은 현존재로 하여금 "이제 처음으로 자기 자신을 그의 가장 고유한 존재가능으로 기획 투사하도록 가능하게"하는 "불안에 의해서

248_ Heidegger(1972), 384쪽.
249_ Heidegger(1972), 326쪽.
250_ Heidegger(1972), 384쪽.
251_ Heidegger(1972), 338쪽.
252_ Heidegger(1972), 386쪽.

기분 잡힌 부름"이다.[253] 여기서 하이데거는 부름을 "말의 양태"로서 파악하는데,[254] 그가 중요한 문제로 삼는 것은 들음의 수용적 측면, 즉 귀기울임으로 되는 들음이다. "부름이, 그 부름의 성격에 상응해서, 상실된 들음과 비교하여 모든 점에서 반대되는 특징을 지닌 그런 어떤 들음을 일깨울 때, 그 부름은 현존재가 '세인'(Man)의 말에 귀기울여 자기는 들어 넘기는 일을 단절시킬 것이다. 상실된 들음이 일상적으로 '새로운' 잡담이라는 다양한 애매함의 '소동'에 정신을 빼앗기고 있다면, 부름은 소동 없이 애매하지 않게 호기심에 얽매이지 않고 불러야 한다."[255]

현존재는 "부름을 이해하며 자신의 가장 고유한 실존가능성에 귀를 기울이고 있는 것"이다.[256] 그러므로 하이데거에 있어서 부름은 "염려의 부름"으로서 여성의 근원적 힘에서 시작하고 근원 속으로 되불러들이는 것이다.[257] "되돌려지기를 바라는 사람이 부름에 의해서 적중된다."[258] 개인은 '세인'의 실존양식에서 "실존하는 존재가능의 침묵하고 있음으로 되불러 들이는 것"이다.[259] 그럼에도 불구하고 하이데거에 있어서 이러한 되돌아옴에는 본래적인 미래의 경험이 "죽음에로 앞질러 가봄" 속에 입력된 앞으로 나아감이 견지되고 있다.[260] 이러한

253_ Heidegger(1972), 277쪽.
254_ Heidegger(1972), 271쪽.
255_ Heidegger(1972), 271쪽.
256_ Heidegger(1972), 287쪽.
257_ Heidegger(1972), 277쪽.
258_ Heidegger(1972), 271쪽.
259_ Heidegger(1972), 277쪽.
260_ Heidegger(1972), 384쪽.

의미에서 부름은 "앞에 불러 세우는 되부름"이 되는 것이다.[261]

3.3 귀기울이며 함께 속함

하이데거에게 있어서 미래의 기획은 마음대로 처분할 수 없는 근원적 힘에 주의를 환기시키는데 그로 인해 개인에게 수용된 자기이해는 유사하게 권위주의적으로 구조화된 세계이해와 부합한다. 받아들여야 할 것으로 간주된 "운명적인 역운"을 정식화하는 것에서 '자기이해'와 '세계이해'는 함께 사유된다. 하이데거의 운명, 즉 "앞에 불러 세우는 되부름"에 의해서 하이데거의 주체가 성취되는 운명은 "타인과의 더불어 있음에서 일어나는 현존재의 생기"가 이해되는 역운에 얽매여 있다.[262] 본래적인 함께 있음의 동의어는 "공동체"와 "민족"이다.[263] 본래적인 함께 있음의 실천적 형태는 "통지"(Mitteilung)와 '투쟁'(Kampf)이다.[264] 여기서 투쟁은 언급만 되는 반면에 하이데거는 "자신을 밖으로 말하는 말"로 이해하는 통지의 초안을 작성한다.[265]

하이데거가 『존재와 시간』에서 구상하고 있는 통지는 공모하고 있는 남성적 단체조직의 실천적 말인 것처럼 보인다. 하이데거는 말을 위해 구성적인 것으로서 "친구의 목소리를 들음"을 갖다 댄다.[266] 하이데거에 있어서 '듣다'라는 동사는 동일한 어장(語場 Wortfeld)

261_ Heidegger(1972), 287쪽.
262_ Heidegger(1972), 386쪽.
263_ Heidegger(1972), 384쪽.
264_ Heidegger(1972), 168쪽.
265_ Heidegger(1972), 168쪽.
266_ Heidegger(1972), 163쪽.

에서 그냥 들을 수 있는 의미이긴 하지만 일상적인 의미에서 '들음'(Hörigkeit)과 '함께 속함'(Zugehörigkeit)과 같은 아주 낯선 낱말들을 의미론적으로 담고 있는 한 이 들음은 권위주의적으로 편성된다.[267] 그래서 듣고 있는 현존재는 "동료 현존재와 자기 자신을 '들으며', 이러한 들음 속에 함께 속한다."[268]

봉건적 관계에서 농노가 귀족에게 '듣는'(hörig) 지배관계로서의 '들음'은 여기서 공시의적으로 환기되며, '함께 속함'에서 그룹들과 완전한 집단의 모델을 형성한다. 하이데거가 구상하고 있는 의사소통의 공동체는 지도자와 추종자를 위해 조직된 공동체이다. "서로 듣고 따름 속에서 더불어 있음이 형성되는 것인데, 이러한 서로 듣고 따름은 순종하고 동행하는 가능한 방식을 가지고 있고, 또한 불복종, 반항, 항거, 배신 등의 결여적 양태도 가지고 있다."[269]

협의안 혹은 논쟁거리와 같은 수평적인 실질적 말은 나오지 않는다. 권위주의적 의사소통 공동체에 함께 속함은 배타적이다. 왜냐하면 "이미 이해하고 있는 사람만이 귀기울일 수 있기" 때문이다.[270] 이러한 배타성은 낭만주의화한 전쟁 상황에 대한 하이데거의 예를 통해서 '남성적인 것'으로 드러난다. "사람들은 군대의 행진, 북풍, 탁탁 쪼는 딱따구리, 후드득거리는 불길의 소리를 듣는다."[271] 바로 여기서 청소년

267_ 실제로 어원학적으로 듣다(hören), 복종하다(gehorchen), 듣는(hörig) 그리고 ~에 속하다(gehören)는 함께 고찰된다. 이에 관해서는 F. Kluge, *Etymologisches Wörterbuch der deutschen Sprache*, Berlin/New York 1995, 383쪽 참조.

268_ Heidegger(1972), 163쪽.

269_ Heidegger(1972), 163쪽.

270_ Heidegger(1972), 164쪽.

271_ Heidegger(1972), 163쪽.

운동에서[272] 나온 전형적인 경험들의 요인들과 -후드득거리는 캠프파이어, 탁탁 쪼는 딱따구리- '전쟁체험'과의 -군대의 행진- 결합이 일어난다. 두 가지의 남성적 구조, 즉 청소년 운동과 군대는 제휴적으로 서로 맞물려 있다.[273] 남성적 위계 질서구조의 의사소통 공동체는 "잡담"과는 대립개념으로서 반민주주의적인 것임을 보여준다. 왜냐하면 "잡담"은 "'그들'의 공공성 속에 있는 말의 형식으로 간주"되기 때문이다.[274]

4. 남성성의 형식

언급한 바와 같이 이제 『존재와 시간』에서 주체구조가 재구성됨으로써 "하이데거 후기 저서들에 나타나는 언어의 '들음'의 성격과 '독백'의 성격은 '전환'의 결과가 아니라 굴절되지 않는 발전의 결과"라는 것이 분명해진다.[275] 이러한 사실을 마리아 페레포르트(Maria Perrefort)는 아주 날카롭게 다음과 같이 지적하고 있다. 사상가 "하이데거가 -『사유란 무엇인가?』에서 주장하는 것과 유사하게- 사유하는 유일한 본질적 사상은 마치 합리적으로 분명히 파악할 수 없고, 이끌

272_ H. Blühe(1888~1955)의 책 "Wandervogel. Die Geschichte einer Jugendbewegung"의 부제에서 나온 말로 세기 전환기 독일어권의 청소년 운동을 지칭함.

273_ 이러한 사실에 대한 실제 역사적 반향은 청소년 운동에서 일어났던 남성 조직적 이념을 바이마르 공화국 시절 '보수주의적 혁명' 논쟁으로부터 받아들였다는 것에서 찾아볼 수 있다.

274_ Heidegger(1972), 167쪽.

275_ K. Henrich, *Versuch über die Schwierigkeit nein zu sagen*, Basel/Frankfurt(M.) 1982, 199쪽.

어낼 수 없는 권위, 즉 인간에게 무조건 순종을 요구할 정당한 권리를 가진 권위가 존재한다는 것을 지향하고 있다는 인상"을 심어준다.[276] 그 때문에 후기 저서들에서는 "호소 성격의 가변성"이 불가피하게 나타난다.[277]

하버마스가 주목하고 있는 바와 같이 "하이데거는 8년 전에 사적이고 자기 분열적인 실존의 사이비-종교적 결정을 찬양했던 반면에 이제 그것은 1935년 폭력행위가 이루어졌던 그 곳에서 항상 보호, 추억, 감시, 호의, 사랑, 인지함, 사건에 대한 말"일 뿐이었다.[278] 결론적으로 이 점에서 필자가 지적하고자 하는 것은 여성적으로 표명된 근원적 힘(Ursprungsmacht)과 대립해서 이러한 구조 틀 내에서 지배적 남성성의 다양한 기획들이 표명되는 들음의 구조가 어떻게 견지되는가 하는 점이다. 여기서는 단지 윤곽만 그려지고 완전하게 실행될 수 없는 이러한 남성성 구조들에 대한 분석은 바이마르 공화국 시절 '보수반동'의 맥락, 나치시대 및 독일의 후기파시즘에서 하이데거의 정치적-윤리적 입장을 규명하는데 유익할 것이다.

1927년 하이데거는 『존재와 시간』에서 '본래성'과 '비본래성'을 이원론적으로 대비시킴으로서 양자가 서로 경쟁하는 지배적 남성성에 대한 기획을 철학적으로 가공한다. 생철학적이고 시민적인 개인의 보수적-혁명적 비판의 요소들은 우선 비본래성의 구조에 자리잡는다. 여기서 하이데거는 "규제 가능한 업무전개(Geschäftsganzen)라는 이

276_ M. Perrefort, *Opfer und Gehorsam. Kritische Untersuchungen zur Struktur von Heideggers Gelassenheitsidee*, Würzburg 1990, 139쪽.

277_ Habermas(1981), 70쪽.

278_ Habermas(1981), 70쪽.

념 아래" 현존재가 강요되어 있는 실존양식을 비판한다.[279] 이와 달리 본래성의 주체는 군대식 기풍을 수반한다. 그래서 죽음으로 앞서 달림(Vorlaufen) 개념은 죽음 앞에서 "부단한 도피"와 "회피"의 토포스를 대립각으로 세운다.[280] 도망 내지는 앞서 달림의 실존방식은 공격에 있어서 도피와 앞서 달림 사이의 양자택일을 함축하고 있다. 여기서 "도피하지 않는" 공격자에게는 "삶을 다함의 초래"도 "죽음에 대해 골똘히 생각하는 것"도 중요한 문제가 아니다. 오히려 그는 죽음을 회피하는 것이 아니라 그 죽음이 의연하게 "가능성으로서 견뎌내어져야만"하는 선한 주체임을 보여준다.[281] 이와 달리 악한 주체는 "불안을 겁먹은 두려움으로 바꾸어"놓고, 그 결과 "불안에 대한 겁이 알려지고 있는" 자이다.[282]

『존재와 시간』에서는 들어야만 하는 염려의 부름이 있었다면 횔드린의 찬가 『라인강』(Der Rhein)에 대한 1934~35년 강의에서는 라인강의 근원이 존재한다. 라인강의 근원은 지형학적 장소가 아니라 "대지와 고향을 (…) 역사적으로" 말하는 것이다.[283] 라인강에서 대지는 여성적으로 표현된다. 하이데거에게 있어서 대지는 "어머니"이다.[284] 이 강의에서 시인은 "과거의 것 속에 있는 망아로부터 거기서 현전하는 신을 되불러들이는" 자이며[285] 독점적으로 들음의 능력을 부여받은

279_ Heidegger(1972), 294쪽.

280_ Heidegger(1972), 254쪽.

281_ Heidegger(1972), 261쪽 이하.

282_ Heidegger(1972), 266쪽.

283_ M. Heidegger, *Hölderlins Hymnen "Geramnien" und "Der Rhein"*, GA 39, Frankfurt(M.) 1980, 196쪽.

284_ Heidegger(1980), 289쪽.

285_ Heidegger(1980), 197쪽.

자이다. 하이데거에 따르면 시인은 "근원 자체인 바를 근원적으로 인지"할 수 있는 능력을 가진 자이다. 하이데거에 있어서 시인의 "견뎌내는 들음"(standhaltende Hören)은 고통(Leiden)이다. 그러나 "고통은 반신(Halbgott)의 존재"이다.[286] 이러한 존재에서 시인의 형상과 지도자의 형상이 만난다. 그 점에서 지도자의 형상은 "자신의 존재에서 (…) 참되고 유일한 지도자임이 (…) 반신의 영역"으로 증명된다. 하이데거는 시인-지도자의 위치를 표시함으로써 "횔드린적 시의 형이상학적 장소"를 특징짓는다.[287] 하이데거가 총장 취임 연설에서 지지했던 바와 같이 파시즘의 지도자 원리는 여기서 결코 비판되는 것이 아니라 형이상학적으로 너무나 고양되어 시적인 것으로 전위되어 버린다.

또한 시인과 민족의 관계는 성적으로(geschlechtlich) 코드화된다. 시인의 위치는 완전한 남성성의 위치로 드러난다. 하이데거는 횔드린의 시 『게르마니엔』(Germanien)의 도움으로 '남성'을 시인, 지도자, 반신이라는 일련의 순서로 확대시킨다. "시 '게르마니엔'에서 남성은 시인 자체이다".[288] 시인과 민족의 위계질서는 민족을 소녀로 표현하는데서 분명해진다. 거기서 성(性)의 위계 질서적 차이는 세대들의 위계 질서적 차이를 통해 강화된다. "시인"은 "숲 속에 숨어 있는 피어나는 양귀비꽃에서 소녀를 본다. 소녀는 어머니인 대지, 즉 한 나라 - 독일의 딸이다". 만일 하이데거가 횔드린을 인용해서 소녀-독일-민족을 "무거운 행운을 (…) 짊어질" 거라고 표현한다면 그것은 수동화

286_ Heidegger(1980), 201쪽.
287_ Heidegger(1980), 210쪽.
288_ Heidegger(1980), 288쪽.

된다.[289] 그럼에도 불구하고 이러한 행운에 관한 "지시와 알림"(Der Auftrag und die Kunde)은 시인이 아니라 바로 하이데거가 『게르마니엔』에서 차용하고 있는 독수리의 형상에서 출발하고 있다. 육식동물인 독수리는 독일을 상징적으로 대표하는 독일 제국 문장의 독수리를 함축한다. 독수리를 지시하는 것에서 파시즘의 침략 전쟁이 시작되고 시인의 기능은 민족을 침략 전쟁 준비를 확고히 하는데 있다. 여기서 중요한 것은 민족이 "비로소 다시 근원적으로 존재"라 불리고, 민족의 현존재는 "시적-사색적으로 보증"(dichterisch-denkerisch stiftet)된다는 것에 있다.

이와 같은 "독일사적 현존재"의 이데올로기적 편성의 결과는 민족이 "'왕들과 민족들 주위에서' '저항력이 없는 충고를 하고" 있는 것이다. 그러나 "이러한 무저항력"은 "무기들을 내려놓는 것, 싸움 앞에서의 무능과 회피를 말하는 것이 아니다."[290] 하이데거는 독수리와 시인의 형상에서 정치적 지시를 이데올로그들의 과제와 분리시킨다. 그럼에도 불구하고 정치적 지시와 이데올로그들의 임무는 서로 연결되어 있다. 시인의 남성성은 독수리와 결합함으로써 공격성을 띈다. 민족은 시인과 독수리와 비교해서 수동적인, 처녀다운 그리고 소녀다운 것으로 표현된다. 일선 장병의 모델을 본보기로 삼는 『존재와 시간』의 남성성에 대한 기획은 어느 정도 민족에 기입된 공격성을 잠재적으로 가졌던 것이다. '결단' 개념에서 함축되었던 능동성은 운명적 사실성을 받아들이는 것을 목적으로 삼았던 수동성의 처분에 편입되어 있었다. 그러나 시인의 남성성의 구조는 하이데거 식의 주체를 지배의 위

289_ Heidegger(1980), 65쪽.
290_ Heidegger(1980), 289쪽.

치로 격상시킨다. 잠재적 공격성은 명백한 전쟁준비가 될 것이다.

이러한 횔드린 강독과 시간적으로나 내용적으로 보다 직접적으로 근접해 있는 것은 1935년 여름 학기에 있었던 하이데거의 『형이상학 입문』(Einführung in die Metaphysik)이다. 여기서 "진정으로 듣고 있음"(echten Hörig-sein)으로[291] 구성된 주체는 "폭력적으로 행위함"(Gewalt-tätigen)이다. 이 주체는 모든 도덕적 구속력의 "결과 혹은 타당성과 확인을 통해 (일상적인 의미에서) 친절과 위로, 진정과 안정"을 인지하지 못한다.[292] 폭력적으로 행위함을 특징짓는 것은 제어할 수 없는 공격성이다. 시인, 사상가, 목사 그리고 지배자는 남성적 형상, 즉 "폭력적으로 권력을 행사하고 역사적인 존재에서 보면 창조자, 행위자로서 높은 위치"를 차지한다. 그들은 "창조자로서 이러한 모든 것을 처음으로 세워야만 하기 때문에 (…) 규약과 한계 없이" 행동한다는 표현에서 전제정치와 전쟁의 가능성들을 감지할 수 있다.[293] 그래서 "시적으로 말함, 사색적인 기획 (…), 국가 건설적 행위"를[294] 위해 구성적인 것으로 간주되는 폭력 행위는 아주 엄청난 사건에 편입되어 있다. 인간은 "근원적으로 통일의 의미에서 이중의 엄청난 것, 즉 압도하는 것 한가운데의 폭력적인 것"으로 간주된다.[295] 여기서 '압도하는 것'(Das Überwältigende)은 여성의 근원적 힘이라는 구조의 위상(Strukturposition)을 차지한다. 따라서 하이데거에 있어서 폭력 행위는 "인간이 가지고 있는 능력 활동이 아니라 인간이 존재자로 나

291_ M. Heidegger, *Einführung in die Metaphysik*, Tübingen 1987, 99쪽.

292_ Heidegger(1987), 125쪽.

293_ Heidegger(1987), 117쪽.

294_ Heidegger(1987), 120쪽.

295_ Heidegger(1987), 115쪽.

아가는 한 존재자가 그 자체로서 이해되는 폭력에 따르고 순응하는" 것이다.[296]

하이데거는 압도적인 것을 "그리스의 기초어 디케(dike)"와[297] 파르메니데스의 존재 개념으로 표현한다. 아낙시만드로스와 헤라클레이토스가 법과 형벌의 여신이라 불렀던 디케가 파르메니데스에서는 진리의 여신의 역할을 한다. 디케는 가상과 존재의 두 가지 길을 현자에게 보여주며, 그 현자에 의해 진리의 여신으로 특징지워진다. 디케는 그 자체 『존재와 시간』에서 열려와 동일하며, 그리고 1954년에 쓰여진 텍스트 「모이라」(Moira)에서 하이데거는 "알레테이아(Aletheia)의 부름"과 동일한 대상으로 말하고 있다.[298]

하이데거는 파르메니데스의 개념 쌍인 '사유'와 '존재'(noein und einai)를 '테히네'(techne)와 '디케'(dike)로 해석한다. 거기서 기술(techne)은 폭력 행위를 대표하고 있다. "디케는 압도적인 섭리이다. 테히네는 지식의 폭력 행위이다"라고 하이데거는 요약하면서 다음과 같이 덧붙인다. "우리는 이제 파르메니데스의 잠언이 말하는 사유(noein)와 존재(einai)의 공속성이 [techne와 dike](필자 주)의 상호관계와 다름없다"고 주장한다.[299]

철학적 구조에 기입된 남성성에 대한 기획은 1945년 이후에 결정적으로 변한다. 모든 군인다운 그리고 전투적-지배적 함축들은 사라진다. 텍스트를 환상적으로 이끄는 형상이 "45년경의 정적주의적 시

296_ Heidegger(1987), 120쪽.

297_ Heidegger(1987), 122쪽.

298_ M. Hedegger, "Moira (Parmenides, Fragment VIII, 34~41)", in: ders., *Vorträge und Aufsätze*, Stuttgart 1997, 223-248쪽, 247쪽.

299_ Heidegger(1987), 126쪽.

기"에서는 '젖먹이'가 된다.[300] 이것은 천진무구한 어린아이 같은 무죄의 입장에로의 가상의 후퇴이다. "모든 것이 간직되어 있는 곳으로 귀환하는 것"을 목적으로 삼은 1944~45년 '방념'(Gelassenheit)에 대한 대화는 '어머니와 아이의 관계 구조'로 끝난다.[301] "숲길로 가는 길은 우리를 어두운 밤으로 안내"한다.[302] 거기서 밤은 전체를 구성하는 어머니의 심급으로서 표현된다. 밤은 이음새(Naht), 가장자리(Saum) 그리고 드린 실(Zwirn) 없이 연결되어 있다. 밤은 침모(針母)이다. 궁극적으로 밤은 "우리가 불리어지는 곳"이다.[303] 유사한 방식으로 1950년에 출판된 논문 「언어」(Die Sprache)에서 기술되고 있는 정적(Ruhe)과 침묵(Stille)의 개념은 핵심적인 예속의 약속(Subjektionsversprechen)이다. 하이데거가 "침묵"이라는 단어를 '젖을 먹이다'라는 동사와 혼합시키는 한 이러한 약속은 어머니 가슴에서 젖을 빠는 젖먹이의 만족감을 가리킨다. 정적은 "정적이 젖을 먹인다는 것에서 정적의 본질을 갖는다" 내지는 "침묵의 젖을 먹임은 정적"이다.[304]

1951~52년에 강의된 『사유란 무엇인가?』(Was heißt Denken?)에서는 새로운 갱신이 불쑥 나타난다. 여기서 핵심적 망상(Phantasma)은 어머니가 보호와 먹이를 제공하는 젖먹이가 아니라 어머니에 의해 언동을 신중히 하도록 공식적으로 경고 받는 어린이이다. 이 강의는

300_ Perrefort(1990), 148쪽.

301_ M. Heidegger, "Zur Erörterung der Gelassenheit. Aus einem Feldweggespräch über das Denken", in: ders., *Gelassenheit*, Pfullingen 1985a, 27~71쪽, 38쪽.

302_ Heidegger(1985a), 70쪽.

303_ Heidegger(1985a), 71쪽.

304_ M. Heidegger, "Die Sprache", in: ders., *Unterwegs zur Sprache*, GA 12, Frankfurt(M.) 1985b, 7~30쪽. 26쪽.

"사유하는 법을 배울" 것을 요구하는 것으로 시작한다.[305] 그러나 배움은 하이데거의 근원적 신비구조에 얽매여 있다. 하이데거에 있어서 배움은 "인간이 자신에게 그때마다 본질에서부터 말 건네어 지고 있는 그것에 자신의 작위(Tun)와 무위(Lassen)를 응대시키는 것"을 의미한다.[306] 하이데거는 규율하는 어머니와 어린이와의 관계를 빌어서 이러한 자신을 '응대로 데려감'(Sich-in-Entsprechung-Bringen)의 과정을 보여준다. "기다려라, 나는 너에게 순종한다는 것이 무엇을 뜻하는지를 가르쳐 주겠다. 이렇게 어머니는 집에 들어오기를 싫어하는 아이에게 외칠 수 있다." 그 결과 어머니는 "아들을 순종의 곁으로 데려가고자 한다. 어머니가 덜 나무라면 나무랄수록 그 일은 성공리에 더 오래 갈 것이다. (…) 요컨대 아들이 마지못해서 승복하도록 하는 것이 아니라 그가 들으려고 하는 마음을 내팽개치지 않도록 해야 하는 것이다."[307] 여기서 어머니와 아들의 관계는 '존재'와 '사유'의 관계를 이룬다. 강의에서 계획하고 있는 문제는 그러한 '순종관계'가 실존하지 않는다는 것이다. 그래서 "세계의 상태가 갈수록 더욱 더 사려를 요구하게끔 됨에도 불구하고 우리는 아직 사유하고 있지 않다는 사실이 가장 깊이 사려를 요구"하게 된다.[308] 여기서 '본질적 사유'를 위해 구성적인 순종은 2년 후에 더 이상 민족주의적인 것이 아니라 세계적으로 표명된 정치적 차원, 즉 독일연방공화국의 창설로 받아들여진다. 위협적인 "대지의 황무지화"에 대한 경고들은 포드주의적 사회국가, 즉 "가장 높은 생활수준의 획득"과 "모든 인간의 한결같은 균등한 행

305_ M. Heidegger, Was heißt Denken?, Tübingen 1951/52, 1쪽.

306_ Heidegger(1951/52), 1쪽.

307_ Heidegger(1951/52), 19쪽.

308_ Heidegger(1951/52), 2쪽.

복의 상태를 조직화하는 일"에[309] 대한 비판을 동반한 채 『존재와 시간』의 '세인'의 구조를 상기시키고 있다.

5. 근원 신비주의와의 단절

하이데거 철학을 통한 단계에서 들으며 순종하는 주체작용을 목적으로 하는 '예속모델'은 대단히 견고한 동시에 정치적 진술의 실현과 관련되고 철저하게 지배의 견고성의 경향을 띄고 있는 남성성 구조에 대하여 개방적인 것으로 드러난다. 따라서 『존재와 시간』의 반민주주의적 입장에서 예고되었고, 1945년 이후 그 입장의 철회과정에서 사실이 아닌 무죄로 확정된 나치에 대한 하이데거의 정치적-윤리적 입장에 관한 비판은 순종 속에서 여성적인 근원적 힘으로의 복귀를 근원 신비주의로 이야기하는 것을 비판해야 하는데 있다. 왜냐하면 이러한 이야기와의 단절은 하이데거의 여성주의적 강점과, 더 넓은 의미에서 하이데거의 모든 민주주의적 강점에 대한 전제를 형성하고 있기 때문이다.

그러한 단절은 가장 넓은 의미에서 모든 개인의 출처가 되는 세대관계, 성별관계, 재생산관계를 주제로 삼는 것을 가능하게 한다. 이러한 관계들은 근원에 대한 정리(定理, Theorem)에서 의식철학의 자율성의 허구(Autonomiefiktion)에 대립해서 언급되면서도, 그러한 관계들을 파악할 수 없는 신비주의적 형태에서만 거론된다. 그 외에 이러한 단절은 『존재와 시간』과 관련하여 피투성(Geworfenheit)의 구상

309_ Heidegger(1951/52), 11쪽.

에서 하이데거에 의해 주제화된 모든 개인의 현사실적(faktisch) 처함(Situierung)은 운명적으로 받아들여야하기 보다는 강점하는 것으로서, 그 결과 변화시킬 수 있는 것으로 이해한다는 것을 의미한다. 그럴 경우 미래는 '복귀구조'로의 편입에서 벗어난다. 이것은 개인이 자신의 처한 상황을 "운명적인 숙명"으로서 경험하는 결과이기 때문에 죽음을 개인의 모든 생기 있는 관심을 "산산조각 내는" 한계로 간주하는 어떠한 필연성도 더 이상 존립하지 않는다는 것을 의미한다.[310]

죽음은 자연적인 필연성이라기보다는 차라리 우리가 어떤 한계 속에서 강점하고 변화시키지만 결코 지배할 수 없는 자연연관(Natruzusammenhänge) 속에 편입된 존재(Eingebundensein)라는 사실에 주의할 필요가 있다. 마찬가지로 죽음은 불안, 고통 그리고 슬픔을 삶으로부터 분리해서 취급할 수 있는 것이 아니라는 것과 자기감정의 지배자인 데카르트의 주체는 항상 반사실적(kontrafaktisch)이라는 것에 주의를 환기시킨다. 그럼에도 불구하고 이것은 결코 불안과 무기력(Ohnmacht)을 단순하게 받아들이는 근거가 아니라 개별적이고 사회적인 가공방식을 주제로 삼고 발전시킬 수 있는 가능성을 열어준다. 결론적으로 하이데거식의 배치와 분리시켜 고찰하려는 구상과 문제제기는 하이데거에 있어 본질적인 근본구조인 '염려구조'에 의해 쫓겨났던 실천론적 동인이 다시금 방면된다는 것을 의미할 것이다.

310_ Heidegger(1972), 385쪽.

제 5 장

『존재와 시간』에 대한 **정치철학적 해석**의 가능성 –하이데거는 **포드주의 철학자**인가?

하이데거 철학
삐딱하게 읽기

-『존재와 시간』에 대한 정치철학적 해석-

제5장

『존재와 시간』에 대한 정치철학적 해석의 가능성 -하이데거는 포드주의 철학자인가?

1. 들어가는 말

세계는 끊임없이 변해가고 있다. 소위 세계화라는 동력은 민족주의, 인종주의, 배타주의 등의 근대적 개념을 화석화시키면서 탈민족주의, 탈인종주의, 개방주의를 다원주의라는 네트워크 속에 새롭게 배열시키고 있다. 그럼에도 불구하고 미국을 중심으로 현재 진행되고 있는 신제국주의적 패권정치의 행태는 낡은 시대로의 복귀라는 생각을 불러일으키기에 충분하다. 타인에 대한 인정이 없는 자기방어는 일방적일 수밖에 없으며, 그렇기 때문에 폭력적이고 배타적이다. 오늘날 세계사회가 요구하는 가장 중요한 덕목은 아마도 타인에 대한 인정, 타인과의 공존일 것이다. 그러나 신자유주의 시장경제의 폭력과 신제국주의적 패권주의의 협박이 국제사회를 재단하고 있는 상황에서 무엇보다 요청되는 것은 강자의 관용과 타인과의 열린 대화일 것이다. 이러한 맥락에서 20세기 초 포드주의적 생산양식을[311] 통해 제국주의적

311_ 포드주의는 1903년에 설립된 포드자동차회사에서 헨리 포드에 의해 실시된 대량

패권화로 점철된 서구사회에 대한 반성작업은 오늘을 바라보는 반면교사가 될 수 있을 것이다.

이러한 맥락에서 필자는 이 글에서 20세기 최고의 철학자 하이데거의 철학사상을 통해 당시 서구사회를 지배하고 있던 포드주의적 생산양식에 기반한 제국주의적 패권주의가 그의 철학, 특히 그의 주저인 『존재와 시간』(Sein und Zeit)에 어떻게 드러나고 있는지를 '정치철학적 관점'에서 고찰할 것이다. 물론 하이데거의 철학이 지금까지도 존재론적, 실존주의적, 인간학적, 해석학적 차원에서만 해석, 논의되고 있다는 점에서 필자가 이 글에서 의도하고 있는 정치철학적 관점은 기존의 하이데거 해석에서 상당히 벗어난다는 점에서 일종의 도발적인 작업이 될 것이다. 그렇기 때문에 이 글에서 필자는 한 위대한 철학자의 철학사상을 제대로 파악하기 위해서는 정면뿐만 아니라 그 배면도 새롭게 응시해야 할 필요가 있음을 주장할 것이다. 이를 위해서 필자는 먼저 하이데거 철학의 출발점이 되는 당시의 시대적 배경과 그의 일상성 분석을 통해 드러난 일상구조의 변화를 살펴 본 뒤에,

---

생산 시스템을 말한다. 디트로이트공장에서 완성되었다고 하여 디트로이트 오토메이션(Detroit automation), 대량생산의 획기적 계기가 되었다고 하여 대량생산 시스템(mass production system)이라고도 한다. 이것은 생산의 표준화와 이동조립법(moving assembly line)을 내용으로 하는 생산 시스템이다. 전자는 제품의 표준화, 부품의 규격화(호환성), 전용기계의 이용으로 이루어지며, 후자의 실시를 위한 전제를 제공하였다. 포드주의적 생산과정은 테일러주의적 노동편성원리와 컨베이어 벨트에 의한 일관조립공정을 도입해 생산성을 비약적으로 향상시키고 표준화된 상품을 대량생산하는 과정이다. 포드주의는 이러한 생산양식에서 발생한 생산성향상의 이익분배를 통한 대량생산과 대량소비의 조화, 케인스주의적 총수요관리정책과 소비자신용의 정비에 기반해 20세기 자본주의의 지배적 발전모델로 정착되었다. 더 정확히 말하면, 포드주의는 생산성상승 → 실질임금의 상승 → 임금노동자의 소비수요 증대 → 생산 및 투자의 증대 → 생산성상승이라는 축적의 호순환을 그리면서 20세기 중반 자본주의 축적체제의 황금기를 구가했던 산업자본주의를 대표하는 생산양식이다.

포드주의적 생산양식을 통해 이루어진 '세인의 지배'와 '비본래성'에 대한 하이데거의 비판을 분석하고, 그 비판을 통해 하이데거가 자신의 철학에서 구상했던 새로운 정치적 공동체가 무엇인지를 논증함으로써 포드주의 철학자로서의 하이데거를 확인하면서, 이 글을 마무리할 것이다.

2. 하이데거 철학의 출발점 – 일상분석

1920년대 하이데거의 철학은 "보수주의적 혁명"의 입장에서 보면 논쟁의 여지가 없었던 것과[312] 마찬가지로 하이데거 철학에서의 일상분석, 소외비판과 역사이해 및 자연이해가 좌파 지식인들에게 상당히 커다란 영향을 미쳤다는 것 역시 아무런 논쟁의 여지가 없다.[313] 이처럼 하이데거 철학이 예나 지금이나 강고한 영향력을 갖게 되었던 이유는 그가 오직 옛것, 즉 고대의 근본구조를 변화된 사회적 관계들로서의 새것으로 수용하고 소화해서 재구성하려 했다는 의미에서만 보수주의적이었기 때문이다. 하이데거가 자신의 철학에서 결정적으로 중요시했던 문제인 이러한 옛것은 시민사회가 산업화되기 이전에 이상화했던 바로 그것이다. 하이데거가 관련할 수밖에 없었던 새것

312_ 이에 관해서는 P. Bourdieu, *Die politische Ontologie Martin Heideggers*, Frankfurt(M.) 1976, 94쪽; S. Breuer, *Anatomie der konservativen Revolution*, Darmstadt 1993, 44쪽; J. Habermas, "Heidegger - Werk und Weltanschauung", in: V. Farias, *Heidegger und der Nationalsozialismus. Mit einem Vorwort von Jürgen Habermas*, Frankfurt(M.) 1989, 11~38쪽, 16쪽 이하 참조.

313_ 이와 관련해서는 이재성, 「하이데거의 예속모델로서 들음과 순종」, 대동철학 19집, 대동철학회 2002, 190쪽 이하 참조.

은 1920년대 당시 포드주의의 생산양식에 의해서 서구사회에 야기된 '일상구조'의 변화들이었다. 이러한 맥락에서 보면 하이데거는 19세기 후반 시민-보수적 철학에 의해서 제기된 정치의 지형을 20세기에 다시금 정착시키려 했던 사상가들 중의 한 사람이라고 할 수 있을 것이다.[314]

여기서 근대의 고전-시민적 철학은 '시민을 위한 시민들의 철학'을 말한다. 이 철학은 시민계급이 그들 스스로 의식적인 계급으로 조직되어가는 과정에서 형성된 '자기이해'를 위한 중요한 수단이다. 귀족이나 하층계급들(농민, 소시민, 노동자)을 위한 시민철학은 있을 수 없었다. 귀족이나 하층계급은 주변부, 즉 그들 스스로 각자의 한계를 안고 있었다. 이러한 한계를 바탕으로 시민계급은 자신들을 그들의 특수성 속에서 파악했다. 그로 인해 시민철학은 19세기말에 이르기까지 사회의 모든 계급들에게 동일하게 수용될 수 있는 '사회적 통합모델'을 전혀 제시하지 못하고 있었다. 말하자면 시민철학은 사회를 지배하기 위한 투쟁 과정에서 이루어진 계급철학이면서도 동시에 계속해서 증가하는 프롤레타리아 운동에 저항할 수 있는 보루를 마련하지 못했던 것이다.

시민철학은 자신을 대변하는 근거로 '이성의 계몽'이라는 테제와 '인권의 보편화'를 변함없이 제시할 수 있었지만, 바로 그러한 의미에서 스스로 내재적 한계를 안고 있었기 때문에 우선 사회주의 운동을

314_ 필자가 생각하기에, 하이데거 철학은 정치적인 것, 즉 인간 공동체에 대한 물음이었다는 의미에서 분명히 '정치철학'이라고 할 수 있다. 이러한 사실은 그동안 하이데거 관련 연구물 및 출판물들에서 오랫동안 무시되어 왔지만 최근에 다시 주목을 받고 있다. 이와 관련해서는 R. Esposito, "Die ursprüngliche Gemeinschaft", in: *DZfPh*, H. 4, 1997, 551~558쪽; J. L. Nancy, *L'ectica originaria di Heidegger*, Neapel 1996; F. Volpi, "L'ectica rimossa di Heidegger", in: Micormega, Nr. 2, 1996, 139~163쪽 참조.

정당하게 논증할 수 있는 상황을 새롭게 마련하기 위해서 전략적인 후퇴를 해야만 했다. 이처럼 전략적 후퇴를 해서라도 시민철학이 마련하고자 했던 상황은 다름 아닌 프롤레타리아를 시민사회 내부로 끌어들여 통합하는 것이었다. 독일에서 나타난 이러한 전략적 후퇴상황의 결과는 철학사적으로 보면 신칸트주의 철학의 등장으로 나타났다. 신칸트주의는 사회-정치적 실천에 대한 반성을 포기하는 대가로 철학을 오직 학문적 실천을 반성하는 것으로만 국한시켜버렸다. 뒤이어 나타난 후설의 현상학이 되돌아가고자 했던 '사태들' 역시 오직 자연과학과 정신과학의 대상으로만 설명될 뿐이었다. 결국 철학의 대상은 오로지 학문 그 자체일 뿐이었다.

이러한 시민-학문적 철학에로의 전략적 후퇴행위는 대부분의 정치철학이 오늘날까지도 여전히 낡고, 비과학적이며 이데올로기적인 철학의 형태를 취할 뿐이라고 명시적으로 생각하게 되는 결과를 낳는 계기가 되었다. 또한 이러한 전략적 후퇴는 철학이 자신의 진정한 과제, 즉 인간의 삶과 공동체를 위한 인간의 상호이해를 조직하는 과제를 더 이상 수행하지 못하게 되는 결과까지 낳고 말았다, 그 결과 항상 보편적인 전문지식을 주장했던 철학은 스스로를 지역적 심급, 즉 오직 학문의 자기이해 과정만 조직하고 구성하는 것으로 격하시켜 버림으로써 마침내 철학은 사회-정치적으로 정신적인 불임상태에 빠져버렸던 것이다.

그러나 19세기에서 20세기로의 전환기에 접어들면서 이제 철학도 사회적 관계를 안정시키는데 보다 적극적인 역할을 해야만 한다는 사실이 분명해지기 시작했다. 이를 위해서는 먼저 시민사회 내부에서 하층계급을 수직적으로 사회화할 수 있는 '철학적 모델'이 필요했다. 무엇보다도 '포드주의 생산양식'의 발생과 더불어 시민적 사회화의 핵심적인 실천형식이라고 할 수 있는 '계약'(Vertrag)이 보편화되었다. 계약의 보편화는 시민사회의 발전을 위해서 매우 중요했으며, 마침내 그로 인해 생산영역(노동계약) 뿐만 아니라 소비영역(소비재)에서의 하층계급의 재생산은 거의 전적으로 '시장'과 '계약'에 의해서 구성되기 시작했다.

이러한 시대적 상황에서 1920년대 자신의 철학, 즉 자신을 일약 세계적인 철학자의 반열에 들게 한 저서 『존재와 시간』을 통해서 하층계급을 시민사회에 통합시킬 수 있는 삶의 초안을 제시한 철학자가 바로 하이데거였다. 그는 『존재와 시간』에서 시민사회에 적합한 '주관성에 관한 모델'을 제시하고 발전시킨다. 하이데거는 『존재와 시간』에서 '민족'이 정치적으로(선거권)나 사회적으로(소비자) 강력해지는 근대화의 과정에 깊은 공감을 표명하고 있다. 그 이유는 그가 대중의 삶의 형식들과 경험들, 즉 대중의 '일상'(Alltag)을 철학적인 주제로 다루고 있기 때문이다. 그러나 하이데거는 대중의 일상의 근본적인 의미를 한편으로는 인정하면서도, 다른 한편으로는 대중의 일상을 비본래적인 존재방식이라고 단호하게 거부한다.

하이데거 철학의 출발점은 먼저 대중의 일상을 분석하는 것에서 시작된다. 일상은 사회적 관계에[315] 의해서 규정되는 "생산(노동)"과[316] "소비"를[317] 통해 규정된다. 이 점에서 하이데거는 철저하게 시민적 의식철학과 결별한다. '직관'은 이제 더 이상 세계의 사물에 대한 근원적

315_ Heidegger(1972), 공공의 세계(öffentliche Welt)와 관련해서는 70쪽 이하; 공동세계(Mitwelt)와 관련해서는 117쪽 이하를 보라.

316_ Heidegger(1972), 70쪽; 120쪽.

317_ Heidegger(1972), 70쪽 이하; 126쪽 이하.

인 접근방식이 아니라[318] 삶을 재생산하는 것이 된다. 마찬가지로 하이데거는 개념 철학적 단초와도 결별한다. 그가 생각하기에 일상, 즉 모든 학문적 반성 이전에 위치하고 있는 실천공간은 철학에 의해 먼저 탐구되어야만 한다. 왜냐하면 학문적 반성의 과정을 위해서 근본적으로 각인되어 있는 것은 일상적인 삶의 구조들이기 때문이다.

이처럼 하이데거가 '일상'(Alltag)과 '노동'(Arbeit)을 자기 철학의 출발점으로 삼고 있는 한 그는 맑스와 아리스토텔레스 철학의 계기들을 자연스럽게 받아들여 계속 사유하고 있다고 할 수 있다.[319] 그러나 하이데거는 자신의 철학에서 맑스의 '실천' 개념을 '염려'(Sorge) 개념으로 대체한다. 그 결과 그의 철학적 출발점은 노동영역 이전에 그리고 노동영역을 벗어나서 시작된다. 말하자면 하이데거는 인간의 실천형식보다는 염려와의 관계를 더 중요시한다. 그가 말하는 염려는 실천을 정서적으로, 문화적으로 가공하기 위한 개인적이고 사회적인 과정을 표현하는 '인간학적' 개념이다. 그 점에서 염려 개념은 맑스의 실천 개념에 비하여 중립적이지 못하다. 그래서 염려 개념은 언제나 특정한 의미, 즉 매우 곤란하고 부담스러운 행위의 의미를 인간 실천에 부여한다.

하이데거는 인간의 일상적 존재가 인간의 자기이해, 즉 인간의 의식을 규정한다는 것에서 출발한다. 인간, 즉 현존재는 우선 "그 자신이 아닌 바로 그 존재자, 그러나 그가 자기의 세계 내부에서 만나게 되는

318_ 이에 대해서는 하이데거의 데카르트 비판을 보라. Heidegger(1972), 96쪽 참조.

319_ 이와 관련해서는 G. Figal, *Heidegger zur Einführung*, Hamburg 1992, 61쪽 이하; M. Riedel, *Für eine zweite Philosophie. Vorträge und Abhandlungen*, Frankfurt(M.) 1988, 178쪽 이하 참조.

그런 존재자와 그것의 존재에서부터" 이해된다.[320] 인간은 "그가 종사하고 있는 그것이다."[321] 그렇다면 이러한 인간의 일상적 삶은 어떠한 상황에 처해 있는가? 하이데거는 그것을 두 개의 상호 제약하는 계기를 통해 특징짓고 있다. 하나는 "세인"의[322] 지배이며, 다른 하나는 '비본래성', 즉 본래적인 것으로부터 소외된 인간의 삶이다. 이제 하이데거는 일상성의 양 계기, 즉 '세인의 지배'와 '비본래성'을 분석하면서 그것을 포드주의의 발생을 통해 각인된 1920년대의 일상구조의 변화와 관련짓는다.

하이데거는 『존재와 시간』의 몇몇 구절에서 '세인의 지배형태'를 구체적으로 기술하고 있는데, 예를 들면 "라디오 방송"은 "일상적 주위세계의 파괴"를[323] 야기한다. 타인은 "대중의 교통수단을 사용하면서, 정보매체(신문)를 이용하면서 모두 같은 타인인 셈이다. 이러한 서로 함께 있음은 고유한 현존재를 완전히 타인들의 존재양식 속으로 해체해버리며, 그래서 타인들의 차이와 두드러짐이 더욱 더 사라져버리게 된다. 이러한 눈에 띔과 확정할 수 없음 속에서 세인은 자신들의 본래적인 독재를 펼친다. 우리는 남들이 즐기는 것처럼 즐기며 좋아한다. 우리는 남들이 보고 판단하는 것처럼 읽고, 보며 문학과 예술에 대해서 판단한다. 우리는 또한 남들이 그렇게 하듯이 군중으로부터 물러서기도 한다. 남들이 격분하는 것에는 우리도 격분한다. 세인은 어떤 특정한 사람들이 아니고, 비록 총계로서는 아니더라도, 모두인데, 이

320_ Heidegger(1972), 58쪽.
321_ Heidegger(1972), 239쪽.
322_ Heidegger(1972), 126쪽.
323_ Heidegger(1972), 105쪽.

세인이 일상성의 존재양식을 지정"해주고 있다.[324]

이처럼 20세기 초의 일상적인 재생산의 분야에서 나타난 대량 생산품의 등장은 이전과는 전혀 다른 새로운 현상이었다.[325] 당시 자본주의 국가간의 제국주의적 연합이 맞은 위기는 한편으로 테일러주의 생산양식뿐만 아니라 경영과 행정(예를 들어, 전화나 타자기 등)을 전면적으로 합리화한 새로운 생산양식, 즉 컨베이어벨트로 대표되는 대량생산체제인 포드주의 생산양식의 발전을 통해 극복되었다. 다른 한편, 이 위기는 일상적인 생활 용품과 소비재의 영역 및 서비스업 분야에서 새로운 시장을 개척함으로써 극복되었다. 이러한 새로운 자본주의 축적체제,[326] 즉 포드주의 생산양식의 발생과 더불어 1920년대에는 "대체 소비모델의 새롭고, 전통적인 재생산방식"도 새롭게 생겨나기 시작했으며,[327] 그 결과 '세인의 지배'가 가능하게 되었다.

3. '세인의 지배'와 '비본래성'에 대한 하이데거의 비판

그렇다면 하이데거는 포드주의적 생산양식과 더불어 형성된 '세인의 지배'를 어떻게 비판하고 있는가? '세인의 지배'에 대한 하이데거의 비판은 전통을 염두에 두고 있는 것은 아니다. 하이데거는 앞서 인

324_ Heidegger(1972), 126쪽.

325_ Detlev J. K. Peukert, *Die Weimarer Republik*, Darmstadt 1997, 175쪽 이하 참조.

326_ Ch. Maier, "Zwischen Taylorismus und Technokratie: Gesellschaftspolitik im Zeichen industrieller Rationalität in den zwanziger Jahren in Europa", in: M. Stürmer(Hg.), *Die Weimarer Republik*, Königstein/Ts, 1980, 188~214쪽 참조.

327_ J. Hirsch/R. Roth, *Das neue Gesicht des Kapitalismus. Vom Fordismus zum Post-Fordismus*, Hamburg 1986, 51쪽.

용한 『존재와 시간』 126쪽과 부분적으로 텍스트의 내용이 일치하는 『시간개념의 역사에 대한 서설』에서 "각자 스스로를 앞으로 몰아대는 예외"를 감시하는 "풍습과 유행의 평균성"에 대해서 말하고 있다.[328] 그러나 바로 이러한 실례는 『존재와 시간』에서 "대중의 교통수단"과 "신문"으로 대체되고 있다. 하이데거가 전통을 강요하는 것은 그가 시골 출신이면서 보수적 가톨릭과 매우 친숙하다는데 있다. 이러한 출신 성분은 그처럼 전통을 강요하는 것과 맞부딪쳤을 때 하이데거의 감수성을 후원하는 근거가 되기도 한다.

그러나 『존재와 시간』에서 하이데거가 비판의 대상으로 삼고 있는 것은 '근대'에 의해 새롭게 강요된 것이었다. 그가 비판의 대상으로 삼고 있는 것은 전통적인, 동향인으로서 연대감을 갖는 '본래성'을 파괴하는 새로운 발전의 결과들이다. 일반적으로 대중(Masse)이라는 개념은 엄격하게 말하면 규격화된 일상 용품의 발전과 관련해서 사회학적으로 사용할 수 있는 개념이다. 이러한 의미에서 '세인'(Das Man)은 사회학적 개념으로서의 대중에 대한 하이데거의 철학적 대응물이라고 할 수 있다. 하이데거가 말하는 '지배'(Herrschaft)는 결코 시골 생활에 강요되어 있는 전통의 지배일 수 없다. 전통의 강요는 지역적으로 제한되어 있다. 그러므로 여기서 말하는 '세인의 지배'는 노동세계의 외부에 존재하면서 상대적으로 아직도 프롤레타리아가 되지 않은 계층의 일상적인 삶의 영역 내부로 침입해 들어오는 자본주의적 사회화, 즉 산업적으로 상품화한 사회화를 표현한 것이다.

하이데거가 '비본래성'과 '세인의 지배'라는 개념을 가지고 일상적

328_ M. Heidegger, *Prolegomena zur Geschichte der Zeitbegriffs*, Vorlesung SoSe 1925, hg. v. P. Jaeger, Frankfurt(M.) 1988, 339쪽.

인 재생산의 영역에서 대량 생산품을 통해 상품화한 사회화의 과정을 비판하는 것은 무엇보다도 그가 가지고 있는 '단일화'의 능력에 근거하고 있다. '세인'은 모든 사건들에 관한 지배적인 해석의 전범을 제공하며, 사회적 삶에 대한 "공적인" 해석을 규정한다.[329] 그런 점에서 하이데거의 예들은 무엇보다도 우리가 오늘날 대중매체로 특징짓고 있는 라디오, 신문, 화보 등과 같은 영역에서 유래한다. 그리고 '세인'은 다른 대량 생산품들의 규격도 통일한다. '세인'은 전통적인 구조가 강요하는 것에 비하여 하나의 새로운 질을 형성하는 통일작용인 대량 생산품을 양산하는 '새로운 구조'에 속한다. 따라서 하이데거는 이러한 전통적인 구조의 강요라는 형식을 비판할 수 있기 위해서, '세인'을 지배적인 것으로 사유할 수 있기 위해서 '구조' 개념을 받아들여야만 했던 것이다. '세인의 지배'는 탈인격화된, 구조적인 지배이며, 존재규정적인,[330] 즉 인간의 삶의 방식을 각인시키는 모든 관계들을 주도한다.

하이데거는 바로 이러한 과정, 즉 '세인의 지배'를 오직 '부정적'인 것으로만 생각한다. 그는 '세인의 지배' 과정을 '강요'로서만 본다. 그러나 산업의 대량 상품생산은 대체로 오늘날 우리가 산업국가에서 이미 자명한 것으로 간주하고 있는 일반적인 사회적 부의 가능성을 달성하고 있다. 이제 모든 계층을 위한 물질적 복지, 여행과 여가의 가능성 그리고 고급문화에의 참여가 비로소 가능해진다. 물론 산업 소비재의 발전은 그 자체 장·단점을 갖고 있다. 그렇기 때문에 모든 계층을 통일화하고 단일화하며 규격화하는 활동과 새로운 지평, 자기계발의

329_ Heidegger(1972), 254쪽 참조.

330_ Heidegger(1972), 17쪽 참조.

가능성과 선택가능성들의 전개는 변증법적 관계 속에서 서로 결합한다. 여기서 중요한 문제는 그 관계를 사용하는 방법이다.

그러나 하이데거는 오직 단일화, 규격화, 통일화의 측면만 보고 변증법적 관계를 부정적으로 평가한다. 그에 따르면 이러한 "서로 함께 있음(Miteinandersein)은 고유한 현존재를 완전히 '타인들'의 존재양식 속으로 해체해버린다."[331] 이처럼 '세인의 지배'는 비본래성과 그로 인해 '소외'에 빠지는 비본래적인 삶의 원인이 된다. 그렇기 때문에 하이데거는 이미 헤겔과 짐멜로 대표되는 시민철학과 맑스와 루카치로 대표되는 맑스주의 이론을 통해 생산영역과 유통영역에서 주요 테마가 되었던 인간 삶의 일상적인 재생산의 영역에서 상품화되는 사회화의 결과들을 주제로 삼게 된다. 현존재는 "안정을 누리며 모든 것을 이해하면서 자기를 모든 것과 비교하는 가운데 소외로 떠내려가게 되는데, 이 소외 속에서는 현존재에게 그의 가장 고유한 존재가능이 은폐된다. 빠져 있는 세계-내-존재는 유혹적-안정적이면서 동시에 소외적이다."[332]

하이데거의 '세인의 지배'에 대한 이러한 비판적인 입장은 비본래성에 대한 비판적 입장과 구조적으로 일치한다. 하이데거에게 있어서 비본래성, 즉 비본래적인 삶은 인간적 삶의 방식이 되었기 때문에 비본래적으로 사는 인간은 자기 자신 속에 머물러 있다(bei-sich). 그러나 인간은 자신이 존재해야 하는 자기 자신의 부분, 즉 자신에게 가장 고유한 자기 속에 머물러 있지 못하다. 그렇게 살아 있는 인간은 자기의 능력, 자기 특수성을 발전시키지 못한다. 이런 인간은 존재하고 있

331_ Heidegger(1972), 126쪽.
332_ Heidegger(1972), 178쪽.

는 모든 것처럼 그렇게 될 것이다. 그래서 예외가 되는 모든 것을 비난하고, 삶에 있어서 자신의 직분에 적합한 특수성의 이상(理想)에 저항한다. 여기서 말하는 이상은 직능 계급적 차이들의 소멸을 의미하는데, 하이데거는 바로 이 직능 계급적 차이가 소멸되는 것을 한탄한다.

하이데거는 개인이 사회적 조직 내에서 더 이상 자신의 지위, 자신의 공간에 만족하는 것이 아니라 그것을 넘어서 자신의 지평을 확장시키기 위하여 대중문화의 새로운 가능성들을 이용하는 것을 외부세력에 의한 규정, 즉 '강요'라고 여긴다. 물론 이러한 강요는 외적인 것이 아니라 내적인 것이다. '세인'은 일상성의 주체이기도 하지만 동시에 내적 주체의 심급이다. 말하자면 예컨대 자신의 상태를 얕보려하거나, 자신의 조그마한 영향권을 넘어서려 하거나, 자신의 지평을 확장하려는 '호기심'은[333] 개인의 불손(Unbescheidenheit) 때문이다. 그러나 만약에 개인이 불손한 행위를 한다면 그는 자신의 특수성을 상실하는 것이며, 모든 다른 사람들과 똑같이 될 것이다. 하이데거는 오직 자신의 처지를 겸허하게 받아들이는 것에서만 자기규정의 가능성을 본다. 따라서 하이데거에게 있어서 전통적인 한계나 직능 계급적 제한으로부터 벗어난 인간은 '비본래성'의 존재양식에 머물러 있는 인간일 뿐이다. 그러므로 이러한 의미에서 '소외'는 전문가의 전문적이고 직업적인 일면성을 통해 야기되는 것이 아니라 장기간에 걸친 직업의 차이뿐만 아니라 계급의 차이를 상당 부분 평준화하려는 과정을 통해서 일어난다.

333_ 그래서 호기심이 많은 사람은 "자신을 오로지 세계의 겉모양에만 이끌리도록 내버려두는데, 이것은 세계-내-존재로서의 자기 자신으로부터 벗어나려고 애쓰는 존재양식"일 뿐이다(Heidegger(1972), 172쪽).

하이데거는 '지배'와 '소외' 개념을 사용하면서 일정정도 좌파의 테마를 받아들이고 있는 것처럼 보인다. 그러나 그는 지배와 소외를 좌파에서 파악하고 있는 것과는 다르게 이해한다. 그렇기 때문에 하이데거가 지배에 관해 비판하고 있는 것 역시 그 공격의 방향이 좌파와는 전혀 다르다. 하이데거가 비판하고 있는 지배는 제도화된 권력과 지배 관계가 아니다. 그가 비판하고 있는 '세인의 지배'는 아래로부터, 일상적인 것의 구조로부터 발전하고 일상적인 것을 통해 행해지는 익명의 권력이다. 그 결과 하이데거에게 있어서 지배는 탈정치화된다.

만일 하이데거가 지배의 전범을 아래에서 위로 작동하는 지배로 바꾼다고 한다면 그것은 구조적인 지배의 일상적인 경험을 재론하는 수준 밖에 안 된다. 하이데거가 '세인'을 지배하는 것 혹은 통치권을 가진 것으로 묘사하는 한에서 그는 이미 토크빌 이래 보수주의적 관점에서 사용해 왔던 '민주주의에 대한 비판'을 수용하고 있는 것이다. 그럼에도 불구하고 하이데거의 '세인'은 민주주의를 비판하는 보수주의적 맥락에서 사용된 대중(Masse), 다수(Menge) 개념과는 다른 의미로 이해해야 한다. 사실 '세인의 지배'에 대한 하이데거의 비판은 이미 고대, 예컨대 아리스토텔레스 혹은 세네카에게서도 찾아 볼 수 있다.[334]

이러한 비교를 통해서 우리가 알 수 있는 것은 하이데거가 전통적인 전범을 따르고 있다기보다는 새로운 변화, 즉 '포드주의 생산양식의 발생'을 통해 일어난 자기 시대의 변화를 새롭게 논의하고 있다는 것이다. 다수, 즉 민주주의에 대한 비판은 민족(populus, poloi)이며,

---

334_ Aristoteles, *Politik*, München 1973, 1279 b9, 1292 a10~40; L. Annaeus Seneca, *Philosophische Schriften*, 2. Bd., Darmstadt 1971, 3쪽 이하 참조.

그로 인해 민족 개념은 항상 정치 엘리트와 비교된다. 지배하는 혹은 통치권을 가진 정치적 계급은 다수와 명백하게 경계지워지는 것에 의해서 구성된다. 그러나 바로 그러한 다수의 대립개념으로서 통치권을 가진 정치적 계급에는 '세인'이 결여되어 있다. 다수 혹은 민족은 일상의 영역에 만연해 있으며, 이것에는 모두가 항상 복종하는 구조적 강요들이 표현되어 있다. 그런 점에서 소비사회와 대중매체사회라는 새로운 구조와 관계하는 오늘날의 민족 개념은 행위의 범주라고 할 수 없다. 하이데거는 바로 이러한 입장을 견지하면서 위계질서를 비판하지 않은 채 지배를 비판할 수 있었던 것이다. 지배는 '민족의 지배'이다. 민족은 스스로를 억압한다. 그러나 이와 달리 하이데거는 위로부터의 지배로 복귀하는 것을 구상하지는 않는다. 이러한 사실은 무엇보다도 하이데거에게 '국가'의 개념과 '법'의 개념이 결여되어 있다는 것에서 더욱 분명해진다.

마찬가지로 '소외'의 개념에서도 하이데거의 사회비판적 날카로움은 전혀 드러나지 않는다. 하이데거에게 소외는 사회적 생산조직의 특정한 형식의 결과로 간주된다기보다는 일상적인 인간적 삶 일반의 형식 속에 놓여 있는 구조의 결과로 여겨진다. 소외는 영원한 인간의 조건(condition humaine)으로 되며, 이것은 『존재와 시간』에서 하이데거에 의해 철저하게 비판되었던 '비본래성'의 상태를 사회적으로 지양하는 것이 더 이상 가능해 보이지 않는다는 것을 의미한다.

지금까지 좌파의 전유물로 여겨졌던 영역에 하이데거가 개입하면서 시작된 지배와 소외에 대한 비판의 공격 방향은 무엇보다도 '일상성'과 '비본래성'에 대한 하이데거의 긍정적인 대립모델인 '본래성', 즉 삶의 본래적인 것을 강조한다는 사실을 이해한다면 보다 분명해질 것이다. '본래성'과 '비본래성'이라는 양 존재방식 사이에서 개인은 선택의 가능성을 갖는다. 개인은 자신의 자유의사와는 무관하게 세계 내에 내던져져 비본래적으로 실존하지만 "자기 자신을 선택"할 수는 있으며,[335] 그로 인해 인간은 본래적인 것으로 될 수 있다. 본래적인 것으로 되는(Eigentlich-Werden) 과정은 '타인'을 분석하는 것에서 이루어지는 것도, 비판된 사회적 관계들의 구조를 분석하는 것에서 이루어지는 것도 아니며 개인의 내적 과정으로서 개인 그 자신을 분석함으로써 이루어진다. 이것은 하이데거가 주체 내에서 갈등을 일으키는 힘들을 차단할 때 가능하다. 이와 관련해서 하이데거는 『존재와 시간』에서 세 개의 심급으로 구성되어 있는 '주체모델'을 발전시킨다. 이 세 개의 심급은 하이데거가 자신의 "고유한 자기"(eigene Selbst)라고[336] 부르는 "그것"(das Es),[337] "세인-자신"(das Man-selbst)[338] 그리고 "나 자신"(das ich selbst)이다.[339] 본래성의 근원적 원천이라고 할 수 있는 '그것'은 '세인의 지배'로부터 벗어나기 위하여 '세인-자신'에 파묻혀 있던 '나 자신'을 촉구한다. 이때 '세인-자신'은 주체와 사회가 교차하는 바로 그 지점이다. 하이데거가 지배의 심급을 주체 내부에 차단시키는 한 지배의 해방은 내적인 갈등으로 체득될 수 있다.

그렇다면 도대체 본래적인 것은 어떤 목적으로 자기 자신을 해방시키는가? 한마디로 말하면 아무런 목적 없이 자기 자신을 해방시킨다. "본래적인 자기존재는 세인의 실존적 변양"으로 규정된다.[340] "세

335_ M. Heidegger, *Die Grundprobleme der Phänomenologie*, Vorlesung SoSe 1927, hg. v. F. -W. v. Hermann, Frankfurt(M.) 1975, 243쪽.

336_ Heidegger(1972), 273쪽.

337_ Heidegger(1972), 275쪽.

338_ Heidegger(1972), 267쪽.

339_ Heidegger(1972), 267쪽.

340_ Heidegger(1972), 268쪽.

인의 비결단성이 지배하고 있지만, 단지 그것이 결단을 내린 실존은 공격하지 못한다."[341] 그 결과 본래성은 태도(Haltung)이다. 본래적인 것은 세계의 사물들에 비해서 오직 자신의 태도만 변하지만 자신의 행동(Verhalten) 혹은 관계들은 변하지 않는다. 본래적인 것으로 되는 과정은 순수한 내적인 것으로 생각되기 때문에 본래적인 존재(Eigentlich-Sein)의 상태에 일치하는 것은 '사회적 활동'을 하지 않는다는 것이다.

이러한 의미에서 본래적인 것은 근대의 발전에 대해서 유보적이다. 본래적인 것은 그가 태어났던 관계들에 만족한다. 그러나 일상적으로 본래적인 것은 비본래성 속에서 생존한다. 그로 인해 본래성은 일상 속에서의 휴일처럼 비본래성 속에서 존재한다. 일상은 본래성에 의해 변화되지 않는다. '나'는 일상을 더 이상 그렇게 중요하게 여기지 않는다. 본래적인 것은 미래 속으로 달아나기 때문에 일상에 대해 무관심하다.[342]

하이데거는 이러한 구상을 통해서 하나의 보편적인 '사회화의 모델', 즉 시민사회를 위해 모든 계급을 포괄하는 사회화의 모델을 입안하는데 성공한다. 왜냐하면 첫째, 일상의 거의 대부분은 계급 특유의 경험세계가 아니라 실존론적 구조로 모두와 관계해야 하기 때문이며, 둘째 주체구성의 과정은 특수한 시민적인 개인의 이익으로 생각되는 것이 아니라 일반적이며, 그 때문에 계급을 포괄하는 각자성(Jemeinigkeit)의 이익, 즉 사회적 영역의 위치로서 그때그때 서로 다른 계급 특유의 주체개념들에 자동적으로 상응하는 자신의 고유한 위

341_ Heidegger(1972), 299쪽.
342_ Heidegger(1972), 345쪽 참조.

치를 받아들이는 것으로 생각되기 때문이다. 각자는 자기의 각자성, 자기의 특수성에 따라 자신의 사회적 위치와 역할에 적절한 것이 무엇인지를 이해할 수 있는 것이다.

그러나 하이데거는 변화하는 시민사회 속에서의 이러한 통합모델을 표명하는 동시에 적절한 통합의 과정을 약화시키며, 그래서 본래적인 것의 극소수만이 가능하게 되고 그 본래성의 계기들 속에서 시민사회의 요구들이 해방되는 그런 사회에 대한 불쾌감도 함께 드러낸다. 이것은 그러한 비판을 헛돌게 하는 사회의 변화과정을 사유하고 있는 하이데거의 무능력을 적실하게 보여준다. 이러한 만족스럽지 못한 결과는 당대에 발생하고 있던 포드주의적 사회의 일상을 하이데거가 소박하게 비판하고 있는 데에서 기인한다. 사회적 관계들의 변화는 오직 본래적인 것이 자기 자신에서부터 타인과 관계를 맺을 때에만 가능할 것이다. 왜냐하면 수많은 개별화된 주체들, 즉 원자화된 주체들은 사회를 변화시킬 수 없으며, 오직 집단적 주체만이 사회적인 행위능력을 가지고 있기 때문이다.

우리는 하이데거의 탐구에서 그가 본래적인 것의 고립화를 극복하고 그것에다 사회적 작용을 부여하려 하고 있음을 발견할 수 있다. 그러한 의도는 한편으로 본래적인 것이 '양심'(Gewissen)으로 될 수 있는 "범위"에 대한 생각에서,[343] 다른 한편으로 인간의 역사성에 대한 민족적 구상에서 그의 생각을 찾아 볼 수 있다.[344] 이러한 하이데거의 구상에서 중심이 되고 있는 매개범주는 "유산"이다.[345] 그러나 "유산"은 오직 개인과 이미 사망한 공동인간, 즉 개별자들에 의해 선택된 "영

343_ Heidegger(1972), 297쪽 이하.

344_ Heidegger(1972), 382쪽 이하 참조.

345_ Heidegger(1972), 383쪽 이하; 386쪽.

웅"과만[346] 연관을 맺을 수 있다. '나'에게 여전히 살아 있는 '공동인간'과 긍정적인 공동체를 구성하는 것은 유산 범주를 가지고서는 도저히 생각할 수 없다.[347]

이러한 하이데거의 양 구상이 실패하게 되는 것은 그가 사람들이 서로 함께 말하면서, 서로 만날 수 있는 의사소통과 사회성에 관해서 어떤 긍정적인 구상도 하지 못하고 있다는 것에 있다. 하이데거는 인간의 의사소통 관계를 대체로 "잡담"(Gerede) 범주, 즉 비본래적 삶의 전형적인 표현인 비본래성(Uneigentlichkeit)으로 묘사하고 있다.[348] 이와 달리 서로 함께 말함 속에서 본래적인 것으로 표시되고 있는 것은 주로 "침묵"으로 표현된다.[349] 그러나 언어의 도움을 사용하지 않는 의사소통을 통해서 타자와 공동체를 구성하는 것은 명백한 한계를 갖는다. 긍정적으로 서로 함께함(Miteinander)은 상호이해, 즉 이해를 전제한다. 그래서 상호이해는 오직 서로 함께함 속에서만 논의하면서 달성할 수 있는 것이다. 이러한 사실은 사회적으로 변화하면서 실현되어야 할 공동체가 주요문제로 될 경우 보다 중요하다. 그러나 하이데거는 그와 같은 긍정적으로 서로 함께함에 관해서 어떤 구상도

346_ Heidegger(1972), 385쪽.

347_ 물론 유산 범주는 본래적인 주체 속에 내재해 있는 지배심급을 도입하는데 쓸모가 있다. 유산보다는 "성실함", "영웅"이라는 실존의 "반복"과 그에 대한 "경외" 속에서 본래적인 것은 자유롭게 실존할 수 있는 "유일한 권위", 즉 "실존의 반복 가능한 가능성"에 복종한다(Heidegger(1972), 391쪽).

348_ Heidegger(1972), 제35절 '잡담'을 보라. 무엇보다도 빠올로 비르노는 잡담과 호기심이 많은 '세인'을 인간 실존의 특징인 세계-내-존재를 은폐하고 있는 포스트 포드주의의 전형적인 '다중'으로 이해하고 있다. 따라서 그의 주장에 따르면 '잡담'은 하이데거가 비난하고 있는 것과는 달리 포스트 포드주의의 노동 및 사회적 생산과 직접 관계한다. 이와 관련해서는 빠올로 비르노, 김상운 옮김, 『다중 -현대의 삶 형태에 관한 분석을 위하여』, 갈무리, 2004, 151~163쪽 참조.

349_ Heidegger(1972), 165쪽, 322쪽 이하 참조.

하지 못했기 때문에 본래적인 것의 사회적 작용은 『존재와 시간』의 구상에서 부수적인 것에 머물고 만다. 따라서 하이데거가 말하고 있는 본래적인 것은 정치철학적 관점에서 보면 개혁가도, 혁명가도 아니며 오히려 '숙명론자'일 뿐이다. 바로 이 점에서 『존재와 시간』에서 하이데거가 구상하고 있는 철학적 기획의 결정적인 결함이 분명하게 드러나고 있는 것이다.

4. 하이데거의 새로운 정치적 공동체 구상

언급한 바와 같이 『존재와 시간』에서 하이데거가 구상하고 있는 철학적 기획이 결정적인 결함을 안고 있는데도 불구하고, 하이데거는 『존재와 시간』에서 시민사회의 근대적 발전에 관해 비판하고 있다. 만일 우리가 이러한 하이데거의 비판을 진지하게 받아들여 숙고한다면 그의 비판이 실패하고 있음을 분명히 인식할 수 있다. 시민사회의 근대적 발전에 대한 하이데거 비판의 구조적인 결함, 말하자면 한편으로는 존립하고 있는 관계들을 급진적으로 비판하고 있지만, 다른 한편으로는 어떤 사회적 대안도 마련할 수 없었던 구조적인 결함은 1927년 이후 하이데거가 『존재와 시간』의 구상에서 벗어나 민족사회주의(NS)로 방향전환을 하고 싶은 충동을 느끼게 되는 내부 철학적 동력이 된다. 물론 민족사회주의에로의 방향전환은 바로 그러한 구조적인 결함에 의한 것이라기보다는, 차라리 하이데거의 급진적인 근대성 비판과 이미 『존재와 시간』에 존립하고 있는 민족사회주의의 정치적 개념간의 근본적인 입장의 일치를 통해 나온 결과라고 할 수 있다.

이러한 의견의 일치는 일상의 문화적인 변화들을 포드주의적 사회화라는 새로운 형식을 통해 받아들이는 것에 있을 뿐만 아니라 동시에 일상의 문화적인 변화들을 정치적으로 공격하려는데 있다. 그런 점에서 파시즘은 하이데거가 생각하기에 결코 반동적일 수 없다. 파시즘은 당시의 노동자 계급의 혁명적 경향에 대항해서 위기에 처한 제국주의적 생산양식에서 포드주의적 생산양식에로의 변혁을 위해 안전장치를 마련하는 하나의 변형정권이라고 할 수 있다. 파시즘은 '정당'과 '운동'이라는 이름으로 시민사회에 통합된 문화적 조직형태와 정치적 조직형태를 마음대로 사용할 수 있게 함으로써 다수의 사람들이 정치적 권력이 될 수 있는 노동영역, 소비영역 및 문화영역에서 새로운 발전이 가능하게 하는데 적극적인 역할을 수행했다. 이러한 관점에서 국가사회주의 독일 노동당(NSDAP)은 최초의 민족정당이라고 할 수 있다.[350] 마찬가지로 국가사회주의는 시민사회에 대한 좌파의 비판을 받아들이기도 하지만, 궁극적으로는 세인의 비판을 다른 방향, 즉 체계의 파괴라는 공격목표를 잃어버리는 방향으로 바꾸어 버렸다. 바로 이러한 계기들 속에 『존재와 시간』에 있는 하이데거의 철학과 국가사회주의의 근본적인 견해의 일치가 강고하게 자리하고 있는 것이다.

사실 하이데거가 구상하고 있는 '본래적인 것'은 근본적으로 본래적인 것으로 되거나 혹은 지배를 위한 통로의 조건이 될 수 있을 때에만 본래성이 가능할 수 있다는 의미에서 아주 특별한 구상은 아니다. 예컨대 사회적 엘리트들이 그 자체 본래적이지도 않고 전혀 본래적이지도 않다는 것이 바로 이러한 사실에 상응한다. 사회적 엘리트들은 오히려 일상적으로 보면 비본래성 속에서 살아간다. 사실 본래성, 즉

350_J. W. Falter, "War die NSDAP die erste deutsche Volkspartei?", in: M. Prinz/R. Zitelmann(Hg.), *Nationalsozialismus und Modernisierung*, Darmstadt 1994, 21~47쪽 참조.

겸손한 태도는 사회적 발전에 적합하지 않다. 하이데거가 '세인의 지배'를 비판하면서 대립모델로 구상하고 있는 본래적인 것은 사회적으로 엘리트적인 계기들을 포괄하고 있지 못하다. 근본적으로 본래적인 것으로 될 수 있는 것은 오직 대규모의 운동일 뿐이다. 따라서 하이데거에게 유일하게 부족했던 것은 '긍정적인 사회화'를 구상하지 못했다는 것이다.

하이데거는 이러한 구조적인 평준화를 정치적으로 견고하게 형성된 민족사회주의에다 제공한다.[351] 왜냐하면 하이데거는 민족사회주의 운동 속에서 의도하지 않았던 숙명론을 극복할 수 있는 기회를 보았으며, 정치적으로 변화될 수 있는 공동체의 가능성을 보기 시작했기 때문이다. 민족사회주의 '운동'의 경험은 사회적 관계들의 가변성을 믿고 있던 하이데거에게 용기를 주었다. 무엇보다도 1927년 이후 그는 『존재와 시간』이 내재적으로 안고 있는 구조적인 틈새를 틀어막기 시작한다. 이를 위해서 일차적으로 필요한 것이 개별화된 본래적인 것이 '서로 관계할 수'(zueinander kommen können) 있도록 하는 구상을 어떻게 발전시키는가 하는 것이었다. 바로 이것이 하이데거에게는 매우 중요한 주제였다.

여기서 "공동존재" 개념 이외에 "공동체"의 개념이 나타난다.[352] 그

351_ W. Franzen, "Die Sehnsucht nach Härte und Schwere. Über ein zum NS-Engagement disponierendes Motiv in Heideggers Vorlesung 'Die Grundbegriffe der Metaphysik' von 1929/30", in: O. Pöggeler/A. Gethmann-Siefert(Hg.), *Heidegger und die praktische Philosophie*, Frankfurt(M.) 1988, 78~92쪽, 90쪽; R. Safranski, *Ein Meister aus Deutschland. Heidegger und seine Zeit*, München/Wien 1994, 267쪽 참조.

352_ M. Heidegger, *Die Grundbegriffe der Metaphysik. Welt-Endlichkeit-Einsamkeit*, Vorlesung WS 29/30, hg. v. F. -W. v. Hermann, Frankfurt(M.) 1983, 244쪽; ders., *Vom Wesen der menschlichen Freiheit. Einleitung in die Philosophie*, Vorlesung

러나 하이데거가 처음으로 긍정적인 사회화에 대한 기획을 입안하기 위해 성취한 공동체의 개념 역시 『존재와 시간』의 단초와 일치한다. 그런 점에서 공동체 개념은 '논증적인 의사소통'을 통해 구성되지 않는다. 공동체는 타인에 관한 신뢰를 통해 구성되는 것이 아니라 "근본적으로 이미 타인과 합의한 현실적인 의욕(Wollen) 내지는 본질적인 의욕"에 의해서만 구성된다.[353] 이것은 오직 이러한 공동체만이 현실적으로 공동체라는 것을 의미한다. 이제 여기서 초점이 되는 것은 모든 논증적인 논쟁에 항상 이미 선행하는 공동체라는 유형이다. 모든 논증적인 논쟁에 선행하는 공동체를 구성하고 있는 구성원은 오직 감정적으로만 구성될 수 있다. 말하자면 하이데거에게는 공동체를 구성하고 있는 구성원의 감정이 중요한 문제이지, 사람들이 왜 공동체에 가입해야 하는가에 대해 논증적으로 논쟁하는 것은 그다지 중요하지 않다. 이러한 감정은 상상적인 공동체, 예를 들면 민족의 기원과 관련해서 더욱 촉진된다.

그러나 그러한 공동체를 말할 수 없음(Sprachlosigkeit)은 다른 공동체들, 다른 타인들과 말로 된 논쟁을 할 수 없는 상태에 이른다. 사실 모든 공동체는 타인과 논쟁하면서 자신들의 구성요소를 근거짓는다. 그렇기 때문에 공동체의 형성 과정에 관해 근거들에 따르는 의사소통은 단순히 감정적인 것이 강조된 공동체들을 와해시킨다. 왜냐하면 그러한 의사소통은 실질적인 차이를 세상에 알리고 그것의 상상의 근거를 폭로하기 때문이다. 이러한 균열은 오직 공동체의 감정을 강조하면서 그것을 지속적으로 표현하는 것에 의해서만 막을 수 있다. 따

SoSe 1930, hg. v. H. Tietjen, Frankfurt(M.), 1982, 293쪽 이하.

353_ Heidegger(1982), 294쪽.

라서 '현실적으로 의욕하는 것'(wirklich Wollenden)의 공동체는 오직 힘(권력)으로만 획득할 수 있으며, 이러한 성취는 『존재와 시간』 이후의 하이데거의 철학에서 계속해서 여전히 중요한 문제이다. 따라서 『존재와 시간』에서는 아직도 의식적으로 기피되었던[354] "행위"와[355] 철학의 "공격"이[356] 주제로 부각된다.

따라서 이러한 하이데거의 새로운 공동체에 관한 구상은 민족공동체를 주장한 파시즘의 구상과 구조적인 일치를 보여준다. 또한 이러한 공동체 구상은 말을 통해 이루어지는 것이 아니라 '근원적인 것'이다.[357] 파시즘의 공동체는 모든 다른 공동체들보다 우월하고 오래된 옛것으로 파악되며, 그것으로부터 다른 공동체들, 예컨대 노동조합, 타 정당, 종교공동체 혹은 문화공동체와 같은 사회적 조직을 억압하고 제거할 수 있는 권리를 얻는다. 이러한 구조는 '현실적으로 의욕하는 것'의 공동체에 대한 하이데거의 구상에서도 이미 형성되어 있다.

354_ Heidegger(1972), 300쪽.

355_ M. Heidegger, *Die Grundbegriffe der Metaphysik. Welt-Endlichkeit-Einsamkeit*, Vorlesung WS 29/30, hg. v. F. -W. v. Hermann, Frankfurt(M.) 1983, 223쪽 이하.

356_ M. Heidegger, *Vom Wesen der menschlichen Freiheit. Einleitung in die Philosophie*, Vorlesung SoSe 1930, hg. v. H. Tietjen, Frankfurt(M.), 1982, 34쪽 이하; 131쪽; ders., *Die Grundbegriffe der Metaphysik. Welt-Endlichkeit-Einsamkeit,* Vorlesung WS 29/30, hg. v. F. -W. v. Hermann, Frankfurt(M.) 1983, 112쪽.

357_ 여기서 하이데거는 공동체에 관한 의지주의적 모델을 발전시킨다. '현실적으로 의욕하는' 어떠한 사람도 공동체의 구성원이 될 수 있다. 그러나 바로 이러한 신체적인 공동체 모델은 민족공동체에 대한 파시즘의 담론에서나 가능하다. 이와 관련해서는 W. F. Haug, *Die Faschisierung des bürgerlichen Subjekts. Die Ideologie der gesunden Normalität und die Ausrottungspolitiken im deutschen Faschismus. Materialanalysen*, Berlin 1986, 62쪽 이하 참조. "본질적인" 의지는 -하이데거가 총장취임연설에서 직접적으로 퇴니스에 의거해서 말한 바와 같이 "본질의지"(M. Heidegger, *Die Selbstbehauptung der deutschen Universität*, Frankfurt(M.) 1983, 10쪽)- 본질적으로 변하지 않는 것으로 결정되었으며, 바로 그것으로 공동체의 원형을 확정하고 있다.

게다가 개인과 공동체의 관계와 관련해서도 양 관계는 일치한다. 말하자면 개인은 공동체와 일체화된다. 개인은 "더불어 있음"(Mitsein)에서 "본래적인 자기를 획득"하기 위하여 "자기성을 포기"해야 한다.[358] 이러한 하이데거의 표현을 통해 볼 때, 본래적인 삶은 철저하게 공동체적 삶 안에 차폐되어 있다. 개인은 오직 공동체에 헌신할 뿐이다. 그래서 개인은 더 이상 나(Ich)로 간주될 수 없다. 개인은 자주적인 개체로서의 자기 동일성이 더 이상 불가능한 부분으로서 전체와 연관되어 있다. 개인은 이러한 공동체 내에서 자신의 '본래적인 자기'를 획득한다. 물론 이러한 사실에서 공동체 그 자체는 전적으로 획일적이지 않을 수 있다는 것을 분명히 볼 수 있다.

공동체는 인간의 지배를 지양해야 한다. 그러나 만일 공동체가 모든 개인에게 개인의 고유한 공간을 허용하지 않는다면 인간의 지배를 지양할 수 없을 것이다. 개인은 공동체 속에서 비로소 자신의 '본래적인 자기'를 획득하고, 자기 자신만의 특수성을 실현한다. 바로 이 지점에서 하이데거의 구상은 파시즘의 민족공동체와 일치한다. 민족은 성별, 세대, 직능계급, 출신그룹, 동향인 등으로 구성된다. 민족의 이러한 세분화는 전체 내부에서 고정되고 변하지 않는 민족 자체의 의미를 그대로 유지하고 있다. 여기서 중요한 것은 각 개인의 각자성이라는 의미에서의 개성이 아니라 확정된 민족공동체구조에 개인이 어떻게 적절히 짜맞추어지는가 하는 문제이다. 이러한 사실은 하이데거의 정치철학에서 더 이상 논쟁거리가 되지 않는 것은 아주 분명한 것이다.

358_ M. Heidegger, *Vom Wesen des Grundes*, Frankfurt(M.) 1983, 55쪽.

5. 나가는 말

이상에서 논의한 바와 같이, 하이데거가 이미 『존재와 시간』에서 드러내고 있는 파시즘의 프로젝트는 그 근본구조에서 볼 때 당시 사회관계의 포드주의적 변화를 수용하고 있고, 더 나아가 이러한 포드주의적 생산양식의 발전을 가능한 한 전통적인 지배관계와 보수적으로 통합시키려 했던 민족사회주의의 시도와 완전히 일치한다. 하이데거는 인간의 삶에 대한 자신의 구상과 민족사회주의의 정치적 프로젝트 사이에서 아직은 분리되어 있었던 틈새를 마침내 1920년대 말에 이르러서는 철저하게 막아버린다.

『존재와 시간』과 1927년 이후 하이데거 철학의 전개과정에서 나타나는 일관성과 비일관성의 관계는 특정한 입장, 즉 구조적인 결함을 안고 있는 입장을 일관되게 전개해 나가기 위해 다른 입장과의 관계를 단절해야만 했음을 의미한다. 결국 일관성과 비일관성의 분리는 『존재와 시간』의 구조가 안고 있는 결함에서 나온 결과이다. 이처럼 하이데거는 일관성과 비일관성의 관계들을 적절하게 사유할 수 없었기 때문에 자신이 대변했던 모든 입장들과의 관계를 단절했으며, 이미 『존재와 시간』에서 규범적으로 강조했던 것을(말보다는 침묵의 우위, 진리의 발견과 공동체의 구성에 대한 비논증적 형식들) 일관되게 고수한다. 이와 함께 하이데거는 『존재와 시간』에서 제시하는 본래적인 삶의 미래연관성에 대한 무기력한 형태와도 관계를 단절한다. 결국 그는 바로 그러한 단절의 순간에 비로소 새로운 정치적 공동체, 즉 민족사회주의에서 가능한 행위에 어떻게 도달할 수 있는지를 내다 볼 수 있었던 것이다. 『존재와 시간』으로부터 발생했던 결함은 이러한 전망의 끝이 열리면서 종결될 수 있었던 것이다. 그 결과 하이데거가 1933

년에서 1934년 사이에 포드주의 생산양식으로 무장한 민족사회주의 정치에 직접적으로 참여한 것은 어쩌면 당연한 결과였는지도 모른다.

참고문헌

Adorno, Th. W., *Negative Dialektik*, Frankfurt(M.) 1966

Adorno, Th. W., *Jargon der Eigentlichkeit - Zur deutschen Ideologie*, Frankfurt(M.) 1970

Apel, K. -O., "Sinnkonstitution und Geltungsrechtfertigung. Heidegger und das Problem der Transzendentalphilosophie", in: *Martin Heidegger: Innen- und Außenansichten, hrsg. vom Forum für Philosophie Bad Homburg*, Frankfurt(M.) 1989

Arendt, H., "Martin Heidegger ist achtzig Jahre alt", in: G. Neske und E. Kettering(Hg.), *Antwort - Martin Heidegger im Gespräch*, Tübingen 1988

Aristoteles, Politik, München 1973

Aschenberg, A., *Sprachanalyse und Transzendentalphilosophie*, Stuttgart 1982

Benjamin, W., *Theorien des deutschen Faschismus*, in: ders., *Gesammelte Schriften*, Bd. 3, Frankfurt(M.) 1972

Bourdieu, P., *Die politische Ontologie Martin Heideggers*, Frankfurt/M. 1976

Brand, G., *Die Lebenswelt. Eine Philosophie des konkreten Apriori*, Berlin 1971

Brelage, M., *Studien zur Transzendentalphilosophie*, Berlin 1965

Breuer, S., *Anatomie der konservativen Revolution*, Darmstadt 1993

Caysa, V., *Das Seyn entwerfen. Die negative Metaphysik Martin Heideggers*, Frankfurt(M.) 1994

Donoghue, D., "The Strange Case of Paul De Man", in: *New York Review of Books* vom 29. Juni 1989

Esposito, R., "Die ursprüngliche Gemeinschaft", in: *DZfPh*, H. 4, 1997

Falter, J. W., "War die NSDAP die erste deutsche Volkspartei?", in: M. Prinz/R. Zitelmann(Hg.), *Nationalsozialismus und Modernisierung*, Darmstadt 1994

Farias, V., *Heidegger und der Nationalsozialismus*, Frankfurt(M.) 1989.

Figal, G., *Heidegger zur Einführung*, Hamburg 1992,

Franzen, W., "Die Sehnsucht nach Härte und Schwere. Über ein zum NS-Engagement disponierendes Motiv in Heideggers Vorlesung 'Die Grundbegriffe der Metaphysik' von 1929/30", in: O. Pöggeler/A. Gethmann-Siefert(Hg.), *Heidegger und die praktische Philosophie*, Frankfurt(M.) 1988

Fritsche, J., *Historical Destiny and National Socialism in Heidegger's Being and Time*, Berkeley 1999

Gadamer, H. -G., "Zurück von Syrakus?", in: J. Altwegg(Hg.), *Die Heidegger Kontroverse*, Frankfurt(M.) 1988

Gethmann, C. F., *Verstehen und Auslegung. Das Methodenproblem in der Philosophie Martin Heideggers*, Bonn 1974

Gethmann, C. F., *Dasein: Erkennen und Handeln. Heidegger im phänomenologischen Kontext*, Berlin/New York 1993

Habermas, J., "Zur Veröffentlichung von Vorlesungen aus dem Jahre 1935", in: ders., *Philosophisch-politische Profile*, Frankfurt(M.) 1981

Habermas, J., *Philosophisch-politische Profile*, Frankfurt(M.) 1981

Habermas, J., *Der philosophische Diskurs der Moderne - Zwölf Vorlesung*, Frankfurt(M.) 1985

Habermas, J., "Heidegger - Werk und Weltanschauung", in: V. Farias, *Heidegger und der Nationalsozialismus. Mit einem Vorwort von Jürgen Habermas*, Frankfurt(M.) 1989

Haug, W. F., *Die Faschisierung des bürgerlichen Subjekts. Die Ideologie der gesunden Normalität und die Ausrottungspolitiken im deutschen Faschismus. Materialanalysen*, Berlin 1986

Hegel, G. W. F., *Phänomenologie des Geistes*, in: ders., Werke, Bd. 3, Frankfurt(M.) 1970

Heidegger, M., *Platons Lehre von der Wahrheit*. Mit einem Brief über den "Humanismus", Berlin 1947

Heidegger, M., *Über den Humainsmus*, Frankfurt(M.) 1949

Heidegger, M., *Was heißt Denken?*, Tübingen 1951/52

Hegidegger, M., Der Satz von Grund, Pfullingen 1957

Heidegger, M., *Kant und das Problem der Metaphysik*, Frankfurt(M.) 1965(이선일 역, 『칸트와 형이상학의 문제』, 한길사 2003)

Heidegger, M., *Zur Sache des Denkens*, Tübingen 1969,

Heidegger, *Sein und Zeit*, Tübingen 1972(이기상 역, 『존재와 시간』, 까치 2000)

Heidegger, M., "Brief an den Rektor der Universität Freiburg vom 4. the Nazi Party - An Examination", Northern Illinois University 1972

Heidegger, M., *Die Grundprobleme der Phänomenologie*, hrsg. von F. -W. von Herrmann, Frankfurt(M.) 1975(이기상 역, 『현상학의 근본문제들』, 문예출판사 1994)

Heidegger, M., Hölderlins Hymnen "Geramnien" und "Der Rhein", GA 39, Frankfurt(M.) 1980

Heidegger, M., *Vom Wesen der menschlichen Freiheit. Einleitung in die Philosophie*, Vorlesung SoSe 1930, hg. v. H. Tietjen, Frankfurt(M.), 1982

Heidegger, M., *Die Grundbegriffe der Metaphysik. Welt-Endlichkeit-Einsamkeit*, Vorlesung WS 29/30, hg. v. F. -W. v. Hermann, Frankfurt(M.) 1983a

Heidegger, M., *Die Selbstbehauptung der deutschen Universität*, Frankfurt(M.) 1983b

Heidegger, M., *Vom Wesen des Grundes*, Frankfurt(M.) 1983c

Heidegger, M., "Zur Erörterung der Gelassenheit. Aus einem Feldweggespräch über das Denken", in: ders., *Gelassenheit*, Pfullingen 1985a

Heidegger, M., "Die Sprache", in: ders., Unterwegs zur Sprache, GA 12, Frankfurt(M.) 1985b

Heidegger, M., *Einführung in die Metaphysik*, Tübingen 1987(박휘근 역, 『형이상학 입문』, 문예출판사 1997)

Heidegger, M., *Ontologie. Hermeneutik der Faktizität*, GA 63, Frankfurt(M.) 1988a

Heidegger, M., *Prolegomena zur Geschichte der Zeitbegriffs*, Vorlesung SoSe 1925, hg. v. P. Jaeger, Frankfurt(M.) 1988b

Heidegger, M., "Nur noch ein Gott kann uns retten - Spiegel- Interview mit Martin Heidegger", Der Spiegel vom 31. Mai 1976, in: G. Meske und E. Kettering(Hg.), *Antwort - Martin Heidegger im Gespräch*, Tübingen 1988c

Heidegger, M., "Moira(Parmenides, Fragment VIII, 34-41)", in: ders., *Vorträge und Aufsätze*, Stuttgart 1997

Heinrich, K., *Parmenides und Jona*, Basel/Frankfurt(M.) 1982

Heinrich, K., *Versuch über die Schwierigkeit nein zu sagen*, Basel/Frankfurt(M.) 1982

Hermann, von F. -W., "Lebenswelt und In-der-Welt-sein", in:

Ders., *Subjekt und Dasein. Interpretationen zu 'sein und Zeit'*, Frankfurt(M.) 1974

Hirsch, J./Roth, R., *Das neue Gesicht des Kapitalismus. Vom Fordismus zum Post-Fordismus*, Hamburg 1986

Husserl, E., *Phänomenologische Psychologie*, hrsg. von W. Biemel, Den Haag 1962

Jung, C. G., "Über Grundlagen der analytischen Psychologie, Tavistock Lectures 1935", Fünfte Vorlesung, in: ders., *Gesammelte Werke*, Bd. 18, 1, Olten 1981

Kluge, F., *Etymologisches Wörterbuch der deutschen Sprache*, Berlin/New York 1995

Kruks, S., "Existentialism and phenomenology", in: Jaggar, A./Young, I. M.(Hg.), *A Companion to Feminist Philosophy*, Malden/Oxford 1998, 66~74쪽.

Löwith, K., "Letztes Wiedersehen mit Heidegger", in: Günther Neske und Emil Kettering, *Antwort - Martin Heidegger im Gespräch*, Tübingen 1988

Lukacs, G., *Die Zerstörung der Vernunft*, in: ders., Werke, Bd. 9, Berlin 1962

Lumer, C., *Praktische Argumentationstheorie. Theoretische Grundlagen, praktische Begründung und Regeln wichtiger Argumentationsarten*, Osnabrück 1989

Lyotard, J. -F., "Notes on the Meaning of 'Post'", in: Thomas Docherty(Hg.), *Postmodernism a Redader*, New York

Maier, Ch., "Zwischen Taylorismus und Technokratie: Gesellschaftspolitik im Zeichen industrieller Rationalität in den zwanziger Jahren in Europa", in: M. Stürmer(Hg.), *Die Weimarer Republik*, Königstein/Ts, 1980

Marten, R., "Heideggers Geist", in: J. Altwegg(Hg.), *Die Heidegger Kontroverse*, Frankfurt(M.) 1988

Marx K./Engels, F., "Thesen über Feuerbach", MEW 3, Berlin 1958

Milchman A./Rosenberg, A., *Heidegger, Planetary Technics and the Holocaust*, 1996

Mosse, G. L., *Ein Volk - Ein Reich - Ein Führer. Die völkischen Ursprünge des Nationalsozialismus*, Königstein 1979

Müller, M., "Martin Heidegger - Ein Philosoph und die Politik, Ein Gespräch mit Bernd Martin und Gottfried Schramm", in: G. Neske und E. Kettering(Hg.), *Antwort - Martin Heidegger im Gespräch*, Tübingen 1988

Nancy, J. L., *L'ectica originaria di Heidegger*, Neapel 1996

Noll, R., *The Jung Cult: Origins of a Charismatic Movement*, Princeton 1994

Nolte, E., *Das Vergehen in der Vergangenheit - Antwort an meine Kritiker im Historikerstreit*, Frankfurt(M.) 1987

Nolte, E., *Martin Heidegger - Politik und Geschichte im Leben und Denken*, Berlin 1992

Perrefort, M., *Opfer und Gehorsam. Kritische Untersuchungen zur Struktur von Heideggers Gelassenheitsidee*, Würzburg 1990

Peukert, Detlev J. K., *Die Weimarer Republik*, Darmstadt 1997

Rentsch, Th., *Heidegger und Wittgenstein. Existenzial- und Sprachanalyse zu den Grundlagen philosophischer Anthropologie*, Stuttgart 1985

Riedel, M., *Für eine zweite Philosophie. Vorträge und Abhandlungen*, Frankfurt(M.) 1988

Rockmore, T., *On Heidegger's Nazism and Philosophy*, Berkley 1992

Rockmore, T., "Recent Discussion of Heidegger and Politics: Young,

Bei stegui, Fritsche", in: *Graduate Faculty Philosophy Journal*, Bd. 21, 2, 1999

Rorty, R., *Consequences of Pragmatism - Essays 1971~1980*, Minneapolis 1982

Rorty, R., "Besprechung von Rüdiger Safranskis Ein Meister aus Deutschland - Martin Heidegger und seine Zeit", in: *New York Review of Books* vom 3. Mai 1998

Rorty, R., "Heidegger, Kundera and Dickens", in: der., *Essays on Heidegger and Others, Philosophical Papers*, Bd. 2, Cambridge 1991

Rorty, R., "Philosophy as Science, Metaphor, Politics", in: ders., *Essays on Heidegger and Others, Philosophical Papers*, Bd. 2, Cambridge 1991

Safranski, R., *Ein Meister aus Deutschland. Heidegger und seine Zeit*, München/Wien 1994

Sartre, J. -P., *Marxismus und Existenzialismus. Versuch einer Methodik*, Reinbek 1964

Schaff, A., *Marx oder Sartre*, Wien 1964

Schnädelbach, H., *Reflexion und Diskurs. Fragen einer Logik der Philosophie*, Frankfurt(M.) 1977

Seneca, L. Annaeus, *Philosophische Schriften*, 2. Bd., Darmstadt 1971

Sheehan, Th., "Heidegger and the Nazis", in: New York Review of Books vom 16. Juni 1988

Sheehan, Th., "A Normal Nazi", in: *New York Review of Books* vom 14. Januar 1993

Van Reijen, W., *Heidegger und Benjamin. Der Schwarzwald und Paris*, München 1998

Volpi, F., "L'ectica rimossa di Heidegger", in: *Micormega*, Nr. 2, 1996

Welter, R., *Der Begriff derr Lebenswelt. Theorien vortheoretischer Erfahrungswelt*, München 1986

Wolin, R., "French Heidegger Wars", in: R. Wolin(Hg.), *The Heidegger Controversy - A Critical Reader*, 1998

Young, J., *Heidegger, Philosophy, Nazism*, Cambridge 1997

남경태, 『한눈에 읽는 현대철학』, 서울: Humanist, 2012

대안연구공동체편, 『20세기 사상 지도』, 서울: 부키, 2012

박찬국, 『하이데거와 나치즘』, 서울: 문예출판사, 2001

박찬국, 『하이데거의 『존재와 시간』 강독』, 서울: 그린비, 2014

빠올로 비르노, 『다중 -현대의 삶 형태에 관한 분석을 위하여』(김상운 옮김), 서울: 갈무리, 2004

W. 블라트너, 『하이데거의 『존재와 시간』 입문』(한상연 옮김), 파주: 서광사, 2012

서동욱, 『철학연습』, 서울: 반비, 2011

이본 세라트, 『히틀러의 철학자들』(김민수 옮김), 서울: 여름언덕, 2014

이서규, 『하이데거철학』, 파주: 서광사, 2007

이재성, 「하이데거의 예속모델로서 들음과 순종」, 『대동철학』 제19집, 대동철학회 2002

이재성, 「존재와 시간에 대한 정치철학적 해석의 가능성 - 하이데거는 포드주의 철학자인가?」, 『대동철학』 제32집, 대동철학회 2005

이재성, 「철학자와 나치: 하이데거의 철학적 자율성을 어떻게 이야기할 것인가?」, 『사회와 철학』 제11호, 사회와 철학 연구회 2006

이재성, 「하이데거 철학의 생활세계와 실존론적 분석의 문제」, 『철학논총』 제48집, 새한철학회 2007

제프 콜린스, 『하이데거와 나치』(이경현 옮김), 서울: 이제이북스, 2004

철학아카데미편, 『현대철학의 모험』, 서울: 도서출판 길, 2007

프레드 달마이어, 『다른 하이데거』(신충식 옮김), 서울: 문학과지성사, 2011

찾아보기

이재성 약력

득천(得天) 이재성(李在星)은 1965년 경상북도 고령(高靈)에서 출생했다. 계명대와 대학원에서 서양철학을 전공하고 더 넓은 세상에서 더 많은 것을 경험하고자 독일로 유학을 떠나 독일 쾰른(Köln) 대학과 아헨(RWTH Aachen) 대학에서 철학, 사회학, 정치학을 수학했다. 2001년 아헨 대학에서 게오르크 빌헬름 프리드리히 헤겔에 대한 논문(Subjektivität und Intersubjektivität : Eine Untersuchung zur Rekonstruktion der dialektischen Struktur in Hegels Rechtsphilosophie)으로 박사학위를 받았다. 주요 저서로는 『열림과 소통의 문화생태학』이 있고, 역서로 『변증법 이론의 근본구조. 헤겔의 논리학에 있어서 변증법적 범주발전의 재구성과 수정』이 있으며, 주요 논문으로는 「루소의 정치철학에 대한 헤겔 비판」, 「아펠과 하버마스의 담론윤리의 의미」, 「헤겔 정치철학에 대한 일고」, 「헤겔의 정신철학에서 정신개념의 변증법적 구조」, 「헤겔의 정치철학 : 헤겔은 자신의 국가철학을 어떻게 정당화시키고 있는가?」, 「헤겔의 자연철학 : 논리에서 자연으로의 이행문제」, 「서양의 생태사상과 사유방식의 문제에 대한 일고」, 「공직 부패로부터의 해방은 어떻게 가능한가?」, 「철학적 최종근거지음과 오류주의의 문제」, 「의료 윤리적 관점에서 생명과 죽게 내버려둠의 문제」, 「로컬리티의 연구동향과 인문학 연구의 새로운 방향」, 「근대와 탈근대 담론에서 존재론적 '사이'로서의 로컬리티」 등 수십 편이 있다. 헤겔의 이론을 비롯해 근대독일철학, 정치사회철학, 생태철학, 응용윤리 등을 연구해왔으며, 이외에도 다문화주의, 초국가 시대의 시민권 및 인권 논의에 관심을 갖고 연구하고 있다. 현재 계명대학교 교양교육대학 교수로 재직하면서 계명-목요철학원 기획사업 부장을 겸직하고 있다.

E-mail: ssyi@kmu.ac.kr

하이데거 철학 삐딱하게 읽기

-『존재와 시간』에 대한 정치철학적 해석-

초판1쇄 인쇄 2014년 12월 30일
초판1쇄 발행 2015년 1월 7일

지 은 이 이재성
펴 낸 이 신일희
펴 낸 곳 계명대학교출판부
출판등록 제347-1998-1호(1970. 9. 1)
주 소 대구광역시 달서구 달구벌대로 1095
대표전화 053-580-6233
팩 스 053-580-6235
홈페이지 www.kmupress.com

ISBN 978-89-7585-691-4 정가 18,000원

이 도서의 국립중앙도서관 출판예정도서목록(CIP)은 서지정보유통지원시스템 홈페이지(http://seoji.nl.go.kr)와 국가자료공동목록시스템(http://www.nl.go.kr/kolisnet)에서 이용하실 수 있습니다.(CIP제어번호: CIP2014036228)